Hans Peter Treichler

Wonnige Badenfahrt

Von Jungbrunnen und Mineralbädern in der Alten Schweiz

Orell Füssli Verlag

Dank

Für freundliche Reproduktionserlaubnis dankt der Verfasser der Graphischen Sammlung der Zentralbibliothek Zürich, der Graphischen Sammlung des Schweizerischen Landesmuseums, der Öffentlichen Kunstsammlung Basel, Kupferstichkabinett, den Staatlichen Museen Preußischer Kulturbesitz, Gemäldegalerie Berlin, Herrn Dr. Uli Münzel, Baden, dem Historischen Museum Baden, dem Stadtarchiv Zürich und dem Staatsarchiv des Kantons Zürich. Sein besonderer Dank geht an Herrn Friedrich Zubler, Brugg, und an die Repro-Abteilung der Zentralbibliothek Zürich für die Erstellung von Repro-Fotos.

Titelbild:

Lukas Cranach d. Ä.: Jungbrunnen, (Ausschnitt), 1544, Staatliche Museen Preußischer Kulturbesitz, Gemäldegalerie Berlin.

© by Orell Füssli Verlag Zürich 1980
Gesamtherstellung: Kösel, Kempten
Grafische Gestaltung: Studio Geissbühler, Zürich
Printed in Germany
ISBN 3 280 01213 9

Inhalt:

6
Wunderdinge: Schnupperreise mit Familie Platter

9
Hüllen weg: Der Alltag im Bade

35
Exodus für drei Wochen: Die Badenfahrt

48
Von Quellen und Quacksalbern: Die Bädermedizin

69
Zurück zum Ursprung: Von Quellen und Sagen

79
Wanne für jedermann: Die Badstube

93
Balneologischer «tour d'horizon»: Quellen und Bäder der Schweiz

117
Spanisch-Brötchen und Pianinos: Das 19. Jahrhundert

128
Bibliographie

Wunderdinge: Schnupperreise mit Familie Platter

Under dem imbissessen sagt mein vatter zuo meiner frauwen: ‹Madlen, ich wolte, dass du mitt mir zugest und ein badenfahrt in Wallis hieltest, weil du kein kinder hast, dann es unfruchtbaren weiberen gar nutzlich ist›... Den 15 Junij am zinstag zogen wier ghen Leugg, so in der Gemmy liget, in das Leugger badt, da vil wirdtshäuser sindt.

So beginnt im Jahr 1563 die erste Badenfahrt Felix Platters, des frischgebackenen Doktors der Medizin aus Basel. Die wundertätigen Thermen von Leukerbad sollen für den ersehnten Nachwuchs sorgen; dazu tut dem jungen Ehepaar, das immer noch an den Kosten für seine aufwendige Hochzeit laboriert, eine kleine Ferienreise gut. Die Gesellschaft steigt im Gasthaus «Bären» ab: Vater Thomas und Sohn Felix Platter, dessen junge Ehefrau und ihr Vater. Daß nur ein Dreibettzimmer frei ist, stört niemanden; ohnehin verbringt man den größten Teil der Zeit im Gemeinschaftsbad, das einige Jahre später der Basler Künstler Hans Bock der Ältere malen wird.

Mnein und Weiblein vertreiben sich da in einem Bassin von mittlerer Swimmingpool-Größe die Zeit – mit Spielen, Schäkern, Musizieren, Essen und Trinken. Nach rund 50 Badestunden frißt sich das Thermalwasser durch die Poren; Ekzeme bedecken den ganzen Körper. Keine Angst: Erst dieser Bade-Ausschlag treibt die Genesung kräftig voran. Durch die aufgebrochene Haut – so glaubt man wenigstens – verflüchtigt sich die *schedlich materie*.

Vater Thomas Platter, ehemals Walliser Hirtenbub, jetzt angesehener Basler Gymnasialdirektor, weiß, wovon er spricht. Vor zwanzig Jahren hat er einen gewissen Hauptmann Simon zur Badefahrt ins Brigerbad begleitet und Wunderdinge erlebt. Etliche kräftige Burschen mußten den praktisch gelähmten Hauptmann ins Wasser hieven. Nach zwei Stunden kletterte er aus eigener Kraft heraus. Zur Baderunde gehörte auch ein Gardehauptmann aus Mailand, *der hatt an eim schenkell 900 Dukaten verartznet, und hatt nit geholfen. Der badet ouch do; dem gnass sin schenkell zuo in dryen tagen und ist also bliben.*

So jedenfalls Vater Platter in seinen Erinnerungen. Jetzt, in Leukerbad, ist die Gesellschaft mindestens so international wie damals in Brig. Matthäus Schinner, der machthungrige Walliser Kardinal, hat hier den ersten Gasthof bauen lassen, und seine weitgespannten Beziehungen haben Stammkunden aus Burgund und Sizilien ins wilde Seitental der Rhone gebracht. Die Reputation der heißen Gipsquelle tut das ihre dazu: *Den weyberen denen die muoter erkaltet ist / gibt es grosse krafft. Es ist guot denen die den Stein in der Blater habend / auch den Wassersüchtigen und den Calculosis oder Grienigen / die sand inn Nieren habend. Es stellt den flussz der Nasen und den trieffenden augen / und dienet dem duncklen gesicht.* Hilfe für die erkaltete Gebärmutter, Linderung bei Blasensteinen und drohendem Star, Hilfe bei Triefnasen und Unfruchtbarkeit – das verspricht auch der Leukerbad-Passus in der Chronik des Johannes Stumpf.

Für die jungen Platters freilich geht das letzte dieser Versprechen nicht in Erfüllung. Die Ehe der beiden bleibt ohne Kinder – vielleicht, daß sich der junge Herr Doktor allzusehr nur aufs Zuschauen verlegt hat. Er badet nur ein einziges Mal – *und da ich im badt sasse, kame hauptmann Peter am Biehels frauw, setzt sich so noch zu mir, dass ich mich schampte.* Vor lauter Geniertheit weiß der junge Basler nicht, wohin die Blicke wenden; die junge Frau des Hauptmann Ambühl trägt, wie fast alle Badegäste, nur das Allernötigste.

Für Platters Zeitgenossen gilt dergleichen freilich nicht als anstößig. Im Gegenteil – in den Berichten des 15. und 16. Jahrhunderts erscheinen die abenteuerlichen Bergbäder der Eidgenossenschaft

Mineralbad im Freien (vermutlich Leuk); Gemälde von Hans Bock d. Ä., um 1580.

mit ihren wundersamen Heilungen, ihrem ausgelassenen und ungenierten Ton als eigentliche Jungbrunnen, als Enklaven der Lebensfreude, als Freihafen der Sinnlichkeit. Vom aargauischen Baden zum Beispiel liefert ein Geistlicher eine bunte und amüsante Beschreibung: Giovanni Francisco Poggio, unterwegs zum großen Konstanzer Konzil, wo er den umstrittenen Papst Johannes XXIII. berät, macht einen Abstecher an den Fuß der Lägern und findet Zeit für einen ausführlichen Brief an einen Kleriker-Kollegen (1417). Der junge Ulmer Kaufmannssohn und Abenteurer Hans Krafft, der französische Philosoph Michel de Montaigne, der Ratsmeister Hans von Waldheim aus Halle – sie alle hinterlassen farbige Schilderungen einer plätschernden Idylle; sie alle und viele andere läßt dieses Buch noch einmal zu Wort kommen.

Vielleicht, daß jede Art von Rückschau die Dinge verklärt; vielleicht, daß auch die peinlichste historische Dokumentation den Silberglanz der Erinnerung nicht ganz wegputzt. Wenn diese «wonnige Badenfahrt» mitunter Nostalgisches durchschimmern läßt, Bedauern oder Empörung, so soll mir das durchaus recht sein. Das helvetische Zweck- und Nützlichkeitsdenken hat nicht nur wundervolle Bauwerke auf dem Gewissen, sondern auch Institutionen. Ich rechne die fröhliche alte Bade-Idylle dazu – diese unbotmäßige Wasserrunde mit den flott musizierenden Spielleuten am Bassinrand, den bloßen Busen, dem gewürzten Wein, der literweise auf schwimmender Holztafel dahergeschaukelt kam. Kein Wunder, daß die eidgenössischen Behörden solchem Wohlleben bald mit eng verklauselten Mandaten zu Leibe rückten. Vielleicht drei Jahrhunderte lang konnte sich die alte Nackedei-Herrlichkeit halten. Um die Mitte des 18. Jahrhunderts wurden aus den feuchtfröhlichen Begegnungsstätten von einst brave Familienbäder – statt Wein flossen jetzt Tee und Schokolade. Der Gnadenstoß kam ein Jahrhundert später. Aus dem Idyll wurde Industrie; Hunderte von Mineral- und Kurbädern brachten die ersten Wellen des Massentourismus in die Schweiz. In Schinznach oder Bad Ragaz, in Leuk oder auf dem Gurnigel entstanden «Cur-Anstalten» im Fabrikstil. Das wundertätige Wasser wurde in Flaschen abgezogen und exportiert, als Wegbereiter für den «Softdrink», diese kommerzgewordene Absage an jegliche Fleischeslust.

Hüllen weg: Der Alltag im Bade

Vom heutigen vornehm-gedämpften Kurbetrieb unterscheidet sich der Alltag im Mineralbad des 15. bis 17. Jahrhunderts grundlegend. Vor allem sind gesellschaftliche Aspekte mindestens ebenso wichtig wie medizinische. In Bädern wie Baden AG, Leuk, Fideris oder Pfäfers herrscht lärmige Hochstimmung, wenn – vor allem im Mai und im September – ganze Familien samt Mobiliar und Verpflegung zu drei- bis vierwöchigen Ferien anrücken.

Den Ablauf des Kurtages regeln zwar die Mediziner. Aber schon ihre erste Maßnahme, die *Purgatz* oder Purgation, hat eindeutig auch symbolischen Charakter. Wer die «schädliche Materie» durch Abführmittel oder Einlauf loswird, entleert den Leib auch in einem höheren Sinne, macht ihn aufnahmefähig für neue Einflüsse. Tut er das nicht, so macht sich der allzu irdische Rückstand im Körper selbständig, wird *an allen orten im leib durch das bad erweichet, lauffet etlichen über das herz, anderen in den magen, den dritten verstoffet es die leber und das Milz.*

So warnt (1560) jedenfalls der Basler Arzt Heinrich Pantaleon, der in seinem Leben gute zwei Dutzend Badener Kuren hinter sich bringt und eine der sorgfältigsten Beschreibungen des Limmatstädtchens verfaßt. Auch er muß vor den rauhen Sitten die Segel streichen, findet immerhin die begütigende Erklärung, die heißen Wasser würden eben Lebensfreude und Temperamente «lösen». Jedenfalls bekommt der Kurbetrieb zarten Gemütern auf den ersten Anblick nicht sehr. Da büßen die Badener 1553 einen Knecht aus Konstanz, «weil er einen Hund in das Freibad geworfen», ein paar Jahre später einen gewissen Räuchli, weil er und *2 Gspanen* bei den großen Bädern *miteinander gfüstet* – ihre Differenzen also mit Faustschlägen ausgetragen hätten. Die Badeordnung im bernischen Enggistein droht mit Buße jedem Gast, *so ein Unzucht begaht, es seye mit Färtzen, Koppen lassen oder anderen Groben Uppigkeiten* (1585). Die Badknechte sollen hier auch einschreiten, wenn jemand «mit Greifen,

Das primitive Hüttenbad: Stockbrunnen auf dem Gurnigel; nach Franz Hegi (1774–1850).

Folgende Seite: *Das Badener Verenabad im 18. Jahrhundert.*

Rupfen, Zeigen oder Deuten» Unzüchtiges im Sinn hat. Die Pfäferser nehmen ihren Gästen gar vor dem Abstieg in die Schlucht alle Waffen bis auf den persönlichen Degen ab; wer hier trotzdem ein Messer zückt, wird streng gestraft. Auch in der Taminaschlucht drohen handfeste Bußen allen, die mit «Notdurft und Unrat» das Bad verdrecken; wer einen solchen Vorfall bemerkt und dem Bademeister anzeigt, kriegt als Belohnung das Badegeld erlassen.

Messerstechereien und Faustschläge am Bassinrand, kotzende und pissende Gäste, unzüchtige Belästigungen im Schutz des Gedränges, planschende Haustiere – solche lokalen Verordnungen geben, wenn auch mit dem ihnen eigenen negativen Dreh, ein realistisches Bild des Lebens in und am Bassin. Auf Handgreiflichkeiten mußte den Gast freilich oft schon der erste Anblick gefaßt machen. Wer zur Zeit der Familie Platter eines der abenteuerlichen «Bedli» im Berner Oberland oder Wallis aufsuchte, sah oft nicht mehr als eine armselige Holzhütte. Das Berner Schwefelbergbad etwa: ein kärgliches Gasthaus, ein strohüberdecktes Open-Air-Bad mit einem runden Dutzend ausgehöhlter Baumstämme als Wannen; ein paar Schindeln statt einer Trennwand zwischen Frauen- und Männerabteilung. Noch zu Gotthelfs Zeiten kann man auf dem gemeinschaftlichen Strohlager übernachten, wenn man die Auslage für eines der äußerst karg ausgestatteten zwölf Gästezimmer scheut. Trotzdem – es verkehren hier nicht nur die Bedürftigen. Badehistoriker Rüsch erzählt von Sonderlingen aus «höheren Ständen», die das abgelegene Bad als Geheimtip betrachteten und sich «ihrer Vorurtheile wegen den größten Unannehmlichkeiten aussetzen». Ähnlich erblickte der Besucher des solothurnischen Attisholz ein niedriges Badehaus mit Raum für ein Dutzend düsterer Kabinen. In die Einzelwannen plätscherte das Quellwasser aus hölzernen Leitungen – vorher war es in einem mächtigen Kupferkessel über dem Holzfeuer erwärmt worden. 1666, wie Attisholz auf den neusten Stand gebracht worden ist, beschreibt ein Kurgast die Anlage wie folgt: *es (das Wasser) quellet in grosser Quantität lauter und klar als ein Cristall aus dem Boden herfür, niemahlen mehr oder weniger; wird mit einem rad, daran vil kleyne Eimer, in einen Canal geschöpft, durch selbigen in zween grosse Kupferkessel geführt, gewärmbt und hernachher in die Badkästen geleitet. Das Badhaus ist fein erbauet, auch mit Gemachen zu der Badenden Notdurfft zimblich versehen, dabey eine kleine Capell und under derselben ein guter Keller.*

Energiekrisen und badende Schweine
Sowohl Kapelle wie der mit guten Weinen versorgte Keller kamen dem unglücklichen Badegast zustatten, der zur Zeit einer Holzkrise angereist kam. Mitunter mußte er dann tagelang auf warmes Wasser warten und sich in der Zwischenzeit mit der eiskalten Quelle begnügen. Wegen Holzmangel öffneten die Attisholzer zum Beispiel im Jahre 1650 nur für sechs Wochen – statt für eine sechsmonatige Saison.

Größer – aber deswegen keineswegs freundlicher – sah es im Berner Gurnigelbad aus. Wer hier um 1750 einsprach, erblickte zwei düstere Gemächer mit je einem acht mal acht Meter großen Bassin, an das die Badkästen grenzten – eine Art Umziehkabinen, die durch die zwei «Dünkel» oder hölzernen Wasserleitungen nach Männlein und Weiblein getrennt waren. Durch die Decke dröhnten Johlen und Stampfen: Oben lagen die Trinkgemächer der Bauern, «wo auch getanzt wird», wie ein vornehmer Berner abschätzig anmerkt.

Ganz anders badet es sich in den großen Freiluft-Bassins von Plombières oder Baden. Im Limmatstädtchen hat man die Wahl zwischen dem Freibad und dem

Verenabad – beide auf dem belebten Platz zwischen den wichtigsten Gasthäusern gelegen, beide etwa acht auf zehn Meter groß und in Stoßzeiten bis zu hundert Personen fassend. Im Freibad ist eine Ecke den weiblichen Gästen reserviert, da sich hier aber die Dirnen drängeln, ziehen Bürgermädchen und -frauen die allgemeine Abteilung vor. Man zahlt hier keinen Eintritt, dafür badet man vielleicht Rücken an Rücken mit *armen prästhafften leuthen,* ärgert sich womöglich über Nachbarn, die wacker schröpfen lassen und dem Wasser einen kräftigen Rotstich verleihen (Pantaleon: *Vermeinen mehrtheils sie haben nid gebadet wann sie nit voll hörnlin wie ein Igel hangen*).

Noch schneller als die «Hörnlin» – gläserne Saugglocken, die man zum Blutlassen aufsetzt – wird man seine Reisebörse los: Wer schweres Geld an leichte Mädchen wenden will, braucht hier nicht lange zu suchen. Den *gemeinen frowen so den pfennig gewinnend* ist der Zutritt in die Freibäder und das Anschaffen auf offner Straße gestattet. Bestraft werden die Dirnen nur, wenn sie in den Privatbädern auf Kundensuche gehen.

Weggewiesen wird auch, wer *bresthaft mit plattern, löchern oder anderen dingen behaftet* ins Wasser steigt. Eine gewisse Hygiene garantiert auch die Vorschrift, die Bassins müßten jeden Freitag geleert und kräftig gereinigt werden. Dann aber sollen die Badknechte bitte darauf achten, daß die ersten Gäste *mit suberen und nit mit herdigen fuessen oder beinen darin gon / damit sie das bad nit gleich unsuber und wuest machend.*

An Pflichten fehlt es dem Aufseher, der den beiden offenen Bädern zugeteilt ist, wahrlich nicht. Er muß über die Einhaltung der Öffnungszeiten wachen – von der Betglocke am Morgen bis abends neun Uhr –, er muß lärmende Kinder, mangelhaft bekleidete Gäste und Schmutzfinke bestrafen, die Katzen, Schweine oder Hunde in die Bassins werfen. Vor allem

Links: *Plummers oder Plombières mit Freibad und Gasthäusern; Holzschnitt um 1550*

Oben: *Studien aus dem Frauenbad; Federzeichnungen von Ludwig Vogel (1788–1879).*

Rechts: *Morgensuppe im aargauischen Baden; Titelholzschnitt zu «Ein badenfart guter gsellen», 1520.*

soll er unnachgiebig gegen sittliche Übergriffe vorgehen und die Unbotmäßigen zuerst «mit guten Worten» zurechtweisen. Verfängt die sanfte Tonart nicht, soll er *die unzüchtigen mit der ruten schlahen.* Zudem braucht er ein phänomenales Gedächtnis: Für die Freibäder nämlich ist der Aufenthalt auf vier Wochen beschränkt – bemerkt er das gleiche Gesicht nach Ablauf dieser Frist immer noch unter den Gästen, so muß er mit Bußendrohung und notfalls auch mit Gewalt für die Abreise des Übereifrigen sorgen. Zu all dem wird auf peinliche Unparteilichkeit des Badknechtes und seiner Frau geachtet. Erkundigt sich ein Neuankömmling bei ihnen, wo man das beste Logis oder das beste Essen bekäme, so muß ihre Antwort lauten: *an allen orten und enden.*

Badeferien-Budget

L'exaction du payement est un peu tyrannique: So beklagt sich sogar der Philosoph Michel de Montaigne über den Nachdruck, mit dem Badener Hotelwirte und Badepersonal auf Bezahlung drängen. Trotzdem findet der Kurgast auch zu Montaignes Zeit (1581) ein breit gefächertes Angebot – von der eigenen Suite mit Privatbad bis zum einfachen Gasthaus. Mit fünf Gulden – der gebräuchlichsten Badschenkung – kann der Durchschnittsbürger einen dreiwöchigen Kuraufenthalt finanzieren: Das sind zehn Pfund oder 200 Schilling oder, anders ausgedrückt, der Monatslohn eines Handwerksmeisters zur Zeit von Montaignes Besuch. Nur wenige Jahre vorher haben die Platters drei Kronen pro Person und Monat eingesetzt – das entspricht 12 Pfund à 20 Schilling à 12 Pfennig. Für eine Einzel-Übernachtung muß man zwei bis fünf Schilling rechnen; eine Mahlzeit kostet einen halben bis einen ganzen Schilling. Diese Ansätze gelten freilich nur für die Zeit um 1580; Inflation und Teuerung lassen die Preise, vor allem aber die Löhne zwischen 1600 und 1700 massiv steigen. Zum Vergleich: Ein Handwerksmeister des Jahres 1600 verdient rund zehn Schilling im Tag, sein Urgroßenkel bringt es ein Jahrhundert später auf 18 bis 20 Schilling. Der Preis pro Eimer Staatswein klettert in der gleichen Zeit aber nur von 176 auf 194 Schilling: Der Urenkel kann sich also mehr leisten.

Um 1750 ist der Taglohn unseres Meisters auf 20-25 Schilling angestiegen. Allerdings bezahlt er jetzt – so etwa im solothurnischen Attisholz – auch saftigere Preise. Ein Familienzimmer mit zwei Badkästen und zweimal Baden im Tag kommt ihn auf zwölf Batzen oder 30 Schilling zu stehen; an die Verpflegung ist noch nichts bezahlt. Freilich kann unser ferienmachender Meister im «Gemeinbad» sparen: Hier baden dann sechs Personen für vier Batzen oder zehn Schilling.

Um vieles billiger kommen immer noch die Freibäder Badens zu stehen, wo der Badknecht in der Regel kein Eintrittsgeld heischen darf. Bloß an die Reinigung zahlt man einen kleinen Unkostenbeitrag von

Das alte Verenabad zu Baden; Aquarell von Ludwig Vogel (vgl. Abb. S. 13).

einem Kreuzer pro Woche. Im chaotischen Währungssystem von damals bedeutet das rund acht Pfennige, also zwei Drittel eines Schilling. *wegen der grossen thüri* oder Teuerung von 1563 bekommen die Badknechte vorübergehend einen zusätzlichen Eintrittspreis zugestanden – einen Teuerungszuschlag von sechs Pfennig.

Dreistern-Bäder und Morgensuppe
Erholen wir uns vom kniffligen Umrechnen der Währungen jener Zeit (das durch verschiedene Systeme von Kanton zu Kanton noch komplizierter wurde). Kurz gesagt: Um 1600 muß der bürgerliche Badegast mit täglichen Kosten von fünf bis zehn Schilling – dem halben bis ganzen Tagesverdienst eines Handwerksmeisters also – rechnen. Ihm und seiner Familie weist man recht düstere und enge Gemächer zu; für die vielen Standespersonen, die neben Karlsbad und Pyrmont gerne auch Baden besuchen, stehen hier aber auch eine ganze Reihe luxuriöser Gemächer und Privatbäder bereit. Allein das Hotel «Stadthof» betreut acht solcher Bassins mit dem Vermerk «Nur für Gäste». Pantaleon berichtet: *Das erst ist das Herrenbad, in welchem Edel und Unedel, Geistlich und Weltlich, Jung und Alt Mannspersonen von den Catholischen und Evangelischen ohne alles disputieren und zancken gantz freundlich... zusammen kommen, ungefahr bey 20. Es ist 15 schuh lang, und 13 schuh breit.* Die heiße Quelle vom «großen Stein» füllt dieses Bassin; die Gäste dürfen die Temperatur nach Belieben regulieren, indem sie den Abflußzapfen ausziehen, also heißes Wasser nachfließen lassen. Türen und Fenster zum Hof stehen offen, und wer Lust hat, kann draußen *mancherley volck besichtigen.*
Ähnlich sieht es im «Frauenbad» aus, das rund dreißig weibliche Gäste faßt. Im sogenannten «Kessel» treffen sich Männlein und Weiblein. Rund fünfzig Personen sitzen hier beieinander, *seind züchtig und freundtlich*. Wer im Herren- oder Frauenbad sitzt, darf zum «Kessel» überwechseln und sich in das offenbar besonders kräftige Wasser setzen. Umgekehrt müssen «Kessel»-Gäste aber eine «Suppe» konsumieren, wenn sie Gegenrecht halten wollen (dazu in Kürze weitere Details). Neben zwei unbenannten Bassins hat der «Stadthof» aber noch drei Exklusivbäder zu bieten: Vorab das um einiges kleinere «Markgrafenbad», so benannt nach einem darin hängenden Gemälde. Es zeigt den Markgrafen Jörg Friedrich von Brandenburg, *so daselbst im 1575. jar in eigner person gebadet*. Ähnlich vornehm sind das «Schellen»- und das «Maienbad»; alle drei Einrichtungen vermietet man wochenweise an «sonderbare Personen» – also vornehme Leute. Die Bäder werden von *diesen etwann ein Monat zuvor bestellet, damit wann sie kommen, dise ledig seyen, unnd vorgehnde Ehrenleut jhr badenfahrt vollendet haben.*
Hier überall wird wacker gebechert. Pantaleon, als Mediziner ohnehin der übermäßigen Zecherei abhold, sieht es nicht gern, daß im Herrenbad «die volle Messe gesungen» wird. Handelt es sich bei der Morgensuppe die bereits um sechs Uhr ausgeteilt wird, noch um eine kräftige Grieß- oder Hafersuppe, so wird der Begriff *süpplin* oder *suppen* ein paar Stunden später nur noch im übertragenen Sinn gebraucht. Der «Badewirt» läßt den Wein Maß für Maß auffahren; aus dem Bassin erschallen kräftige Lieder, was euphemistisch eben «die Bademesse singen» heißt.
In dem Bade selbst speisen sie öfters von allseitig zusammengetragenen Gerichten an einem Tische, der auf dem Wasser schwimmet – so berichtet schon Poggio im frühen 15. Jahrhundert. Die Bacchanalien beschränken sich freilich nicht auf die vornehmen Herrenbäder. Wenn die Berner Obrigkeit 1672 aus dem Wildeneibad meldet, es hätten junge Leute *bey gemeldtem Baad gefressen und gesoffen und*

Von der Weinkanne zum Schokolade-Kännchen: Leuk um 1880.

hiermit den Sabbath Tag entheiliget, so ist dies nur eine von unzähligen Beschwerden, welche der übermäßige Alkoholkonsum in den Bädern verursacht. Praktisch keine Badeverordnung, praktisch keine Lokalchronik von alter «Bedli»-Herrlichkeit, in der dem Thema «Wein» nicht breiter Raum gewährt würde. Färbte sich in den Armenbädern das Quellwasser vom Blut der Schröpfenden rot, so ist es andernorts der Wein, den man mit handlichen Zweizeilern im Stil *Aussen Wasser, innen Wein / lasst uns alle fröhlich sein* feiert.

Das zarte Geschlecht übt dabei keineswegs vornehme Zurückhaltung. Hans Ulrich Krafft, ein Ulmer Jungkaufmann, der 1573 einen kurzen Abstecher in das Limmatstädtchen macht, bezeugt es: Bei seinem En-Passant-Besuch setzt er sich in eines der Freibäder, das zufälligerweise leersteht, aber schon innerhalb einer halben Stunde von einer Gruppe älterer Frauen in Beschlag genommen wird. Plötzlich sieht sich der junge Reisende inmitten von *Zway und Zwintzig merertayl Altte(n) Weyber(n)* sitzen. Der Schweiß bricht ihm aus, da er argwöhnt, in ein für Frauen reserviertes Bassin geraten zu sein. Aus lauter Erleichterung, daß dem nicht so ist, spendiert er den freundlichen Gefährtinnen ein Fäßchen Wein, worauf im Freibad ein *solch frölich Jubelieren und gesang* anhebt, daß männlich herbeieilt, um das fröhlich zechende Weibervölklein zu sehen.

Ganz anders als Pantaleon urteilt übrigens die Mehrzahl der zeitgenössischen Badeärzte zum Thema «Wein». Die meisten raten zu einem leichten Weißwein während des Bades. Dem Trinkwasser mißtraut man: *weil die glider zu leer sind und erhitziget, möchte das wasser zu hefftig hineinwertz gezogen werden* – so Laurentius Phries (1519). Hingegen lehnen sie fast einstimmig das Essen im Bassin ab – der ohnehin durch die Wassertemperatur und die Mineralwirkung beanspruchte Körper dürfe nicht auch noch mit Verdauungsaufgaben belastet werden.

Die meisten Gasthöfe weisen zwei Küchen auf – die eine für die eigene *table d'hôte,* die andere für die zahlreichen Gäste, die sich ihr Essen selber zubereiten. Wer will, kann sich auf einzelne Mahlzeiten abonnieren, wobei auf das Frühstück besonderer Wert gelegt wird: Man will den Körper für den anstrengenden Tag ausrüsten. Noch im 18. Jahrhundert weist das Frühstücksbuffet des baselländischen Neu-Schauenburg eine imposante Auswahl auf: Tee, Kaffee, Schokolade, Weinkonfekt, Mineralwasser, verschiedene Breie und Butterschnitten.

Mit dem Frühstück eng verbunden ist in vielen Fällen das «Badgericht». Vor allem die vornehmen Gäste in den Privatbädern haben eine Art Komment ausgearbeitet, der in seiner Mischung aus Scherz und Ernst, Schalk und Härte den studentischen Ritualen gleicht. Für die Sitzung dieses Scheingerichts, das sich meist an die Morgensuppe anschließt, wählt man Weibel, Schreiber, Schergen – selbst einen Henker. Abgeurteilt werden die vielen kleinen Vergehen, die in den öffentlichen Bädern vom Badknecht geahndet werden – vor allem Verstöße gegen hygienische, sittliche und religiöse Vorschriften. Gebüßt wird der Sünder mit Wein: Je nach Schwere des Vergehens hat er der Gesellschaft oder den direkt Betroffenen zwei bis fünf «Fuder» Wein zu bezahlen. Nach Abschluß der Kur haben sich die Mitglieder von ihren neugewonnenen Freunden zu verabschieden. *welcher auch syn badenfart endet* – so 1576 Leonhart Strübin über die Bräuche in der Lägernstadt – *der staht vor dem bad / dancket guten Herren und Badergselln jhr ehr und zucht und bewissne gute gesellschaft.* Er soll ein letztes Mal nachfragen, ob er während seiner Kur jemanden erzürnt habe und gegebenenfalls für seinen Fauxpas um Verzeihung bitten. Hat er noch Reisegeld übrig, so soll er einen letzten

Musikalische Kurzweil für lange Badestunden. Gegenüberliegende Seite: *Baderunde in Sebastian Münsters «Kosmographie», 1628;* oben: *«Männerbad»; Holzschnitt von Albrecht Dürer, um 1515 (Ausschnitt).*

Trank, Tanz und Kegelspiel; Badeszene aus Sebastian Münsters «Kosmographie», 1628.

*Zum Bade-Buffet ein dreiarmiger Gaukler;
Titelholzschnitt zu Laurentius Phries' «Traktat der
Wildbäder», 1519.*

Beitrag an die Gerichtskasse leisten. Aus diesem «Straf- und Letzgeld» werden gemeinsame Abendessen, aber auch Verpflegung für die Armen berappt.

Dem Auswärtigen, der ähnliche Rituale in den großen europäischen Bädern erlebt hat, machen eher die eidgenössischen Tischsitten zu schaffen. Michel de Montaigne, dem ohnehin alles zu teuer ist, muß sich zusätzlich ärgern, daß man nur winzigkleine Servietten bereitlegt – Mundtücher, die keinen halben Fuß breit sind. Die Schweizer würden diese winzigen Fetzen während des ganzen Essens gebrauchen und immer wieder ihre Löffel damit abwischen. Denn wenn auch verschiedene Saucen und Suppen auf den Tisch kämen – pro Gast sei bloß ein einziger Holzlöffel vorgesehen. Das Messer bringe der Gast selber mit (nie habe er einen Schweizer ohne Messer angetroffen). Damit hole der sich die Speisen aus der Schüssel, ohne jemals die Finger zu gebrauchen.

Idyll unter Linden: Allerlei Zeitvertreib
Auch der uns bereits bekannte Hans Ulrich Krafft muß sich erst an eidgenössische Sitten gewöhnen. An der Bädergeselligkeit haben offenbar auch die eingesessenen Bürger teil, ohne deswegen in den Bassins einzusitzen. Jedenfalls wird Krafft nach seinem kleinen Abenteuer im vermeintlichen Frauenbad von zwei Badener Bürgern angesprochen, die ihn zu einem Glas Wein bitten. Erst macht er stirnrunzelnd Vorbehalte – eigentlich möchte er weiterreisen. Aber man rät ihm, die Einladung nicht auszuschlagen; man könnte ihm eine Absage als «groben Unverstand» anrechnen. So findet sich der junge Mann also plötzlich an einem Tisch unter einer schönen breiten Linde und prostet zwei unbekannten älteren Aargauern zu.

Wahrscheinlich sitzt er im «Herrengarten» – einem der vielen Freiluft-Treffpunkte, welche die Heilbäder zur Unter-

haltung ihrer Kurgäste pflegen. Alt und Jung, Reich und Arm spazieren hier durcheinander, wenn man einem Gedicht des Meistersängers Hans Folz glauben darf:

Er sey reich, arm oder ein paur
Wie schon subtil, wie grober knaur,
Münch, pfaff, fürst, graf oder frey.
Von wan er kum und wer er sey,
Wirt allss vereinet jn ein plick,
do macht sich mancherley geschick
Von essen, trincken, tantzen, springen,
Stein stossen, lauffen, fechten, ringen;
Seiten spil, pfeiffen, singen, sagen;
Ein ander von vil sachen fragen,
Lib kosen, halsen und sunst schimpfen...

Allerlei «Schimpf» – also Allotria – fand man auch rund um die Bassins. Im Wasser selbst vertrieb man sich die extrem langen Badezeiten mit Brettspielen, Musik und Tanz. Ein vielgedruckter Holzschnitt des 16. Jahrhunderts zeigt eine Kegelpartie am Bassinrand; im Hintergrund vergnügt man sich beim Tanzen. Musizierende Gaukler führen Taschenspielertricks vor: Der dreiarmige Gaukler auf dem Titelblatt von Phries' «Wildbäder-Traktat» trägt die Schellenkappe, die auch sonst auf zeitgenössischen Abbildungen häufig zu sehen ist. Poggio über Baden:

Mancher besucht täglich drei bis vier solcher Bäder und bringt da den grössten

Oben: *Kurzweil im Wasser: Leuk um 1580; Hans Bock d. Ä. (vgl. Abb. S. 7; Ausschnitt).*
Rechts: *Leuk um 1800.*
Gegenüberliegende Seite: *Badener «Mätteli» um 1800; Aquarell von David Hegi.*

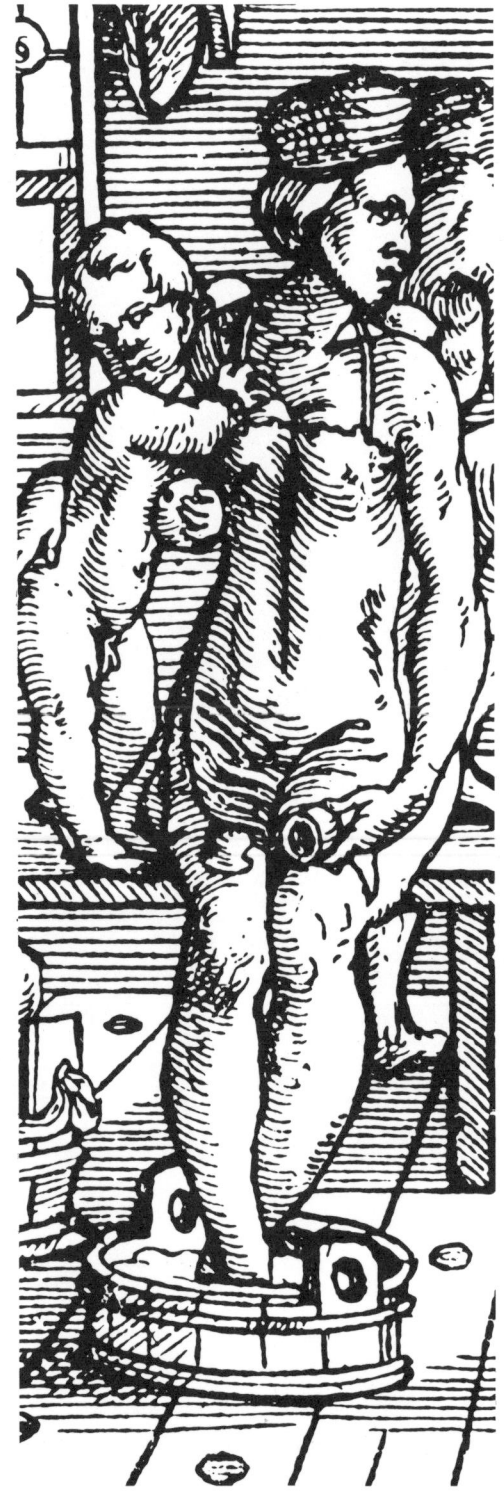

«badehr», «bruoch» und Evaskostüm. Rechts: Holzschnitt von Jost Ammann, um 1560 (vgl. Abb. S. 82; Ausschnitt); Mitte: Anonymer Holzschnitt, 1559; ganz rechts: Leuk um 1580 (vgl. Abb. S. 7; Ausschnitt).

Teil seines Tages zu mit Singen, Trinken, und nach dem Bade mit Tanzen. Selbst im Wasser setzen sich einige hin und spielen auf ihren Instrumenten. Von den volkstümlicheren «kleinen» Bädern auf der anderen Limmatseite heißt es bei Pantaleon: *Es haben die landleuth ein guten muth daselbsten, führen mancherley gesang, und muss Trommen, Pfeiffen, Geigen und Sackpfeiffen offt bei ihnen leyden, dass man etwann jnen gern gelt gebe, das sie aufhörten.*

Die Badeordnungen – etwa diejenige von Pfäfers 1619 – erlauben zwar vielfach nur das Singen von Chorälen und anderen geistlichen Liedern. Freilich führt auch diese Verordnung nicht immer zur gewünschten Eintracht. Gerade in Pfäfers muß das Singen deutscher Psalmen wieder verboten werden, weil katholische Badegäste annehmen, man wolle ihnen «Tratz bieten». Daß der katholische Geistliche Jakob Ritter, der 1555 im Bad zu Lostorf im Wasser sitzend die Beichte abnimmt, Katholiken und Protestanten zu gleichen Teilen erbittert, wird hingegen niemanden wundern – Ritter wird denn auch abgesetzt und von seinen Vorgesetzten *hertticklich* gestraft.

Da kann sich ein anderer katholischer Geistlicher, der Zürcher Chorherr Felix Hemmerli, entschieden besser profilieren. Immer wieder kämpft er in seinen Schriften gegen das gemeinsame Baden von Frauen und Männern an; immer wieder fordert er Verzicht auf alle unnötigen Lustbarkeiten. Mißbilligend berichtet er von den Wiesen rund um das Badener Gasthof-Viertel, wo er an einem Abend nicht weniger als zwanzig verschiedene Tanzrunden getroffen habe.

was welt ir mer? ist Hemmerlis bissige Frage. Badearzt Pantaleon bleibt von seelsorgerlichen Ängsten ungerührt – ihm leuchtet eine lauschige Wiese hinter der Dreikönigs-Kapelle besonders ein. Hier kämen die Gäste am Feierabend zusammen, vertrieben sich die Zeit mit Tanzen,

Steinstoßen, Plattenschleudern, mit Weitsprung- und Laufwettbewerben *oder treiben sonst ehrliche kurtzweil / das man sich billich zu verwundern.*
So «ehrlich» war diese Kurzweil beileibe nicht immer. Häufig klagen gerupfte Badegäste über riesige Verluste beim Kartenspiel. Der Kappeler Klosterabt Ulrich Trinkler soll in Schinznach und Baden gar den größten Teil seines Vermögens verspielt haben. – Zwei Jahrhunderte später hat der Kartenteufel freilich ausgespielt – Hunderte von ratsherrlichen Mandaten stellen den harmlosesten eidgenössischen «Jass» als Blendwerk der Hölle dar; wer gar um Geld spielt, riskiert (als Buße) wegen einer einzigen Partie Haus und Hof. Kein Wunder, sieht man das Kartenspiel um 1750 mit scheelen Augen an. Die Badeordnung von Neu-Schauenburg sieht um diese Zeit für die Abendstunden zwischen fünf und acht Uhr einen Spaziergang vor; nur wenn wider Erwarten *ein Regen einfiele, so könnte aus Desperation gespielt werden.*
Zurück zu unschuldigerem Vergnügen, das selbst die höchste eidgenössische Behörde gutheißt – die Tagsatzung. Die jährlich in Baden tagenden Gesandten dieses ersten Schweizer Parlamentes garantieren nämlich für Spiel und Erholung auf der Werdmatte. Das vielzitierte «Mätteli», Badens wichtigstes Freizeit- und Erholungszentrum am Limmatufer, untersteht direkt der Aufsicht dieser hochgestellten Herren. Schon 1434 halten sie für alle Zeiten fest, jedermann dürfe hier jederzeit *steg und weg haben und ... kurtzwil triben;* auch städtische Verordnungen dürften diese Tanz- und Spielfreiheit nicht antasten.

bruoch und *ehr*: Die Bademode

Was aber trägt man im Bade?
1669 hinterläßt die «Jumpfer Elisabeth Zollerin» in Zürich «16 Hembder und Bad-Ehren». Wer als junges Mädchen auf sich hielt, nahm eine ganze Garnitur «Bad-Ehren» – weitausgeschnittener leinener Schürzen – mit ins Bad. Weniger aufwendig zeigten sich die Männer, die oft nur eine *bruoch* mit sich führten – eine Baumwoll- oder Leinenhose mit Beinansatz, heutigen Badehosen nicht unähnlich. Beide Kleidungsstücke sollten den heilenden Wassern soweit wie möglich Zutritt zur Haut gestatten, beim angestrebten Bade-Ausschlag aber nicht noch zusätzlich jucken.
Aber trug man sie überhaupt, diese praktischen Utensilien? Gemälde und Holzschnitte der früheren Neuzeit jedenfalls zeigen die Badegäste auffallend häufig im Adams- oder Evakostüm. Spielte hier die Freude der Maler an ausladenden Formen, an nackter Unschuld mit? Oder bedeckte man im Bad die Blößen nur, solange eine gestrenge Obrigkeit für Zucht und Anstand sorgte?
Der portugiesische Reisende Pero Tafur jedenfalls berichtet im Jahr 1438, es gelte in den Schweizer Bädern *nicht für unanständig, dass Männer und Weiber bis auf die Haut nackt ins Bad gehen; sie treiben daselbst mancherlei Spiele und halten Trinkgelage nach der Sitte ihres Landes ... Ich unterhielt mich oft damit, ihren Mägden Silbermünzen in das Bad zu werfen, und sie mussten untertauchen, um sie mit dem Mund aus dem Grund des Wassers hinaufzuholen; man kann sich denken, was sie in die Höhe streckten, wenn sie den Kopf unten hatten.*
Solcher Lüsternheit steht zwar das Lob vieler ausländischer Reisender entgegen: Vielfach rühmt man die «paradiesische Unschuld» und moralische Zucht einheimischer Benützer. Damit ist die Frage «mit oder ohne?» freilich immer noch nicht beantwortet. Gewährsmann Poggio läßt uns hier weitgehend im Stich. Zwar spricht er erst davon, daß Männer und Frauen sich völlig nackt gegenüberstünden. Fast im gleichen Atemzug aber nennt er Schürzen und weite offene Hemden, die vor allzu lüsternen Blicken schützten.

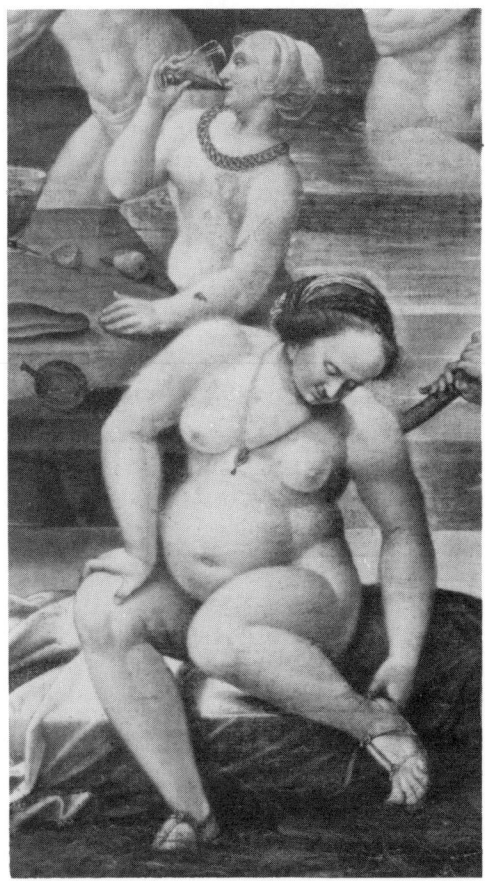

Zwei Badeordnungen aus dem 16. Jahrhundert scheinen auf weitverbreitete Exhibitionsgelüste hinzudeuten: Im bernischen Enggistein wird bestraft, *wer ohne Niderkleid in das Bad gaht und badet*. Und zwar mußte ein solch leichtfertiger FKK-Urahne zwei Maß Wein bezahlen – eine Buße, deren Form leichtfertig anmutet, und die sicher oft und gern provoziert wurde. Auch bei den Badenern schützten Paragraphen vor unerwünschten Blößen. Wer hier ohne «Niedergewand» von einem Bad ins andere pilgerte, kriegte vom Badknecht einen Bußenzettel über fünf Schilling ausgeschrieben. Ebenso gebüßt wurde jede Frau, die ohne «Bad-Ehre» auszukommen glaubte.

Ab 1650 mehren sich in Mandaten, Bäder-Vorschriften und Stadtverordnungen die Hinweise auf die Badetracht. Die Unbedenklichkeit der Renaissance macht – zuerst in den protestantischen, später auch in den katholischen Orten – sittenstrenger Formalität Platz.

Ein regelrechter Kult wird nun mit den «Bad-Ehren» und Bademänteln betrieben – wir erinnern uns an die 16teilige Garnitur der Zürcher Bürgertochter Zoller. Die weiblichen Gäste wetteifern im Zurschaustellen feinster Stoffe und Spitzenbesätze – wenn Formen nun einmal tabu sind. Bevorzugtes Schaufenster für die Textilien: die Badezäune und die Brüstungen der Hotelfenster. Zahlreiche Abbildungen aus dem 18. Jahrhundert zeigen die dort zum Trocknen ausgebreiteten teuren Ensembles.

Später erfassen die Vorschriften auch das Treiben und das Tenue auf den Plätzen und Gassen rund um das Bad. So darf man laut Verordnung aus dem Jahre 1802 in Baden nicht mehr «also frei im Hemde» vom Hotel zum Bassin gehen. Vollends werden um die Jahrhundertmitte hochgeschlossene Kostüme für beide Geschlechter die Regel. Die ersten Daguerrotypien und Fotografien zeigen bis zum Hals geschlossene Badetrachten, auch sittsa-

Links: *Trocknende Badewäsche in Baden, um 1800.*
Rechts: *Sittsame Badetracht um 1880; Fotografie.*

Die Mär vom Jungbrunnen. Oben: nach Hans Holbein d. J., um 1518; rechts: nach Hans Sebald Beham, um 1570.
Gegenüberliegende Seite: Das Bad als Freistatt; Schwarzbrünnlein beim Gurnigel um 1800.

meren Zeitvertreib als Kegelspiel und Tanz: In derbe Stoffe gekleidete Gäste vertreiben sich die Bassinstunden mit Häkeln, Lesen oder Stricken. Zwar protestieren einsichtige Mediziner, das heilende Wasser würde auf diese Weise nicht bis zur Epidermis vordringen. Aber das Moraldenken obsiegt.

Die Mär vom Jungbrunnen

Wunderbar ist es zu sehen, in welcher Unschuld sie leben schreibt Augenzeuge Poggio im Jahre 1417. *Bald glaube ich, dies sei der Ort, wo der erste Mensch geschaffen worden, den die Hebräer Gan Eden, d. h. Garten der Wollust nennen. Denn falls anders diese uns Glückseligkeit verschaffen kann, so sehe ich nicht, was dem Orte hier fehlt, um uns solche vollkommen zu gewähren...*
Ich habe ... die unzerstörbare Gemütsruhe dieser guten Menschen beneidet und dagegen unsere verkehrte Denkart verwünscht, die wir immer klagen, immer begehren, durch keinen Gewinn befriedigt und keinen Wucher gesättigt, Himmel und Erde umkehren wollen, um nur Geld zu erwerben.

Poggios «Paradies auf Erden» eng verwandt ist das mythische Bild vom Jungbrunnen, das um 1500 überall auftaucht – in Sagen, Schwänken und Liedern. Das Wasser, das Alte jung und Häßliche schön macht: So spiegelt sich das Grundgefühl der Renaissance im Volksglauben. Konkret findet der Renaissance-Zeitgenosse seinen Jungbrunnen im Mineralbad, in der geheimnisvollen Quelle mit den schwefligen, erdigen, gold- oder gipshaltigen Wassern, über deren Ursprung man nur vage Bescheid weiß.

Und in dem Schneegebirge,
da fliesst ein Brünnlein kalt.
Und wer des Brünnleins trinket
wird jung und nimmer alt –

verheißt ein Volkslied des 16. Jahrhunderts. Von den kalten Gebirgsquellen, die

Genesung versprachen, ist der Sprung zu den geheimnisvollen Mineralquellen nicht weit. Ebenso nahe liegen heidnische Bräuche, die dem Bad – ob im See-, Bach- oder Quellwasser – zu einem bestimmten Datum im Jahreslauf Wunderkräfte zuschrieben. Johannis ist eins dieser magischen Daten; ein Bad in der Johannisnacht konnte Krankheiten heilen, den Geliebten wiederbringen, die Zukunft öffnen. Kleine Bäder wie Ramsach (BL), aber auch Pfäfers oder Bormio waren zum 1. Mai gerammelt voll – am Namenstag des Täufers trieben die Gäste *muttwillen, superstition und Aberglauben,* wie um 1600 eine Basler Akte festhält. Nicht genug mit dem Bad zu nächtlicher Stunde – am nächsten Morgen tauchten «Vornehme und Geringe» einhellig ihre Hemden und Leintücher in das heilende Wasser und trugen so die magische Kraft mit nach Hause.

Selbst der nüchterne Badehistoriker Conrad Meyer-Ahrens (sein Standard-Werk über die Schweizer Bäder erschien 1860) zeichnet das wundersam schimmernde Bild eines abgelegenen Wunderbrunnens in den Walliser Alpen, versteckt über den Ufern der Gorner Visp, oberhalb des Dorfes Grächen. «Augsport» nannte das Volk die in drei oder vier Adern sprudelnde Quelle, die aus *zerbrüchlichem Gestein mit einer Goldfarbe* floß und im Winter den Schnee goldfarben und rot malte. Um 1600 *wallte täglich eine grosse Menge Menschen, zum Theil aus weiter Ferne, zu derselben. Von Krankheit geschwächt, von der langen und beschwerlichen Reise ermüdet, kamen die unwissenden und einfältigen Bauern hungrig und durstig an, tranken nun so viel von dem höchst kalten Wasser, als sie nur immer zu schlucken vermochten. Hierauf wuschen sie entweder den ganzen Körper oder ein einzelnes Glied, den kranken Theil, mit dem Wasser, das sie mittelst der Hände schöpften, zündeten dann ein Feuer aus Alpenrosensträuchern an, setzten sich um dasselbe, langten nun aus ihren Säcken und Ranzen die mitgebrachten Lebensmittel hervor, brieten Käse und tranken dazu von Zeit zu Zeit von dem Heilwasser in vollen Zügen, indem sie von dem Wasser kein Sättigungsgefühl zu spüren behaupteten. Nach Beendigung des Mahles füllten die Leute ihre mitgebrachten Fläschchen mit dem Heilwasser und begaben sich nun auf den Rückweg.*

Was selbst den wenig rhapsodischen Mediziner Meyer aus der Zeit der ersten Bergbahnen bei dieser Szene fesselte, ist unschwer auszumachen: ein Hauch von wilder Freiheit, von einsamem heidnischem Einklang mit der Natur. Der Käse, der über dem Alpenrosenfeuer schmilzt, der golden schimmernde Fels, das eiskalte Wasser, von dem man nicht genug bekommt – hier spricht die Sehnsucht nach freieren, unbeschwerteren Zeiten.

Das Bad als Freistatt
Eine Freiheit, die gerade die abgelegenen «Bedli» – die Wildbäder – dem geknechteten Untertanen, dem aller Mandate müden Stadtbürger für eine gewisse Zeit vermittelten. Noch 1853 schlugen die Berner Behörden dem Wirt auf Rohrimoosbad das Gesuch um ein Patent ab, weil *das Local der Policey nicht am zugänglichsten sei.* In den isolierten Bergtälern, wo die Behörden ohne riesigen Aufwand ihre Praxis intensiver Bevormundung nicht aufrechterhalten konnten, sproß rund um die Mineralquellen eine Gegenkultur. Daß die heiligen Wasser leichte Mädchen, Abenteurer und Beutelschneider anlockten, sahen wir bereits. Aber auch die freiheitlich gesinnte Jugend, deren *gottlos, unschambar und uppig wesen* in den Bergbädern immer wieder scharf verurteilt wurde, traf sich hier, zum Charmieren, Scharmützeln und – Politisieren. Gerade zur Zeit der Bauernkriege sammelten sich die aufrührerischen Burschen in den Kneipen und Gasthäusern der «Bedli», ermutigt durch die meist ebenso unabhängig gesinnten Wirte. Im bernischen Fonsbad etwa wirkte Wirt Michael Widmer – ein «halsstarriger, teuflischer Ketzer» in den Augen seines Gemeindepfarrers. 1654 büßten ihn die Berner, weil er ohne Erlaubnis immer wieder an Sonntagen wirtete und Bäder wärmte. In Wirklichkeit scheint Widmer aber die politische Gesinnung seines Vorgängers geteilt zu haben – eines gewissen Michel Graber, der 1653 in Ketten nach Bern geführt wurde, weil er auf Seiten der Bauern den großen mittelländischen Bauernaufstand dieses Jahres mitgemacht hatte.

Über Jahrzehnte und Jahrhunderte eingewurzeltes Gewohnheitsrecht führte in manchen Bädern freilich zu erstaunlichen juristischen Privilegien. So besaß das solothurnische Lostorf als ererbte «Freiheit» das Asylrecht für Übeltäter. Schon die ältesten Lehensbriefe halten das Privileg fest: Flüchtete sich ein Dieb, Totschläger oder Unzüchtler in das Badehaus, so war er dort unantastbar. Erst außerhalb der Dachtraufen durfte ihn die Obrigkeit verhaften – im Wortlaut: *wenn söllich für die Tachtrouf des Huses kommend, so mag die Oberherrschafft zu innen lassen griffen und mit denen handlen nach ihrem Verdienen* (1534). Ähnlich schützte das Freibad in Baden (AG) flüchtige Kriminelle. Hatte einer sein Leben verwirkt und flüchtete sich ins Freibad, so durfte er nicht verhaftet werden – wenigstens solange nicht, als er sich im Wasser aufhielt. Erstaunliche Privilegien gestanden die Solothurner auch in religiösen Angelegenheiten zu. 1680 erlaubt ein «Freiheitsbrief» den Kurgästen im Meltinger Bad, an Fasttagen Fleisch zu kochen und zu essen – eine damals unerhörte Lockerung streng beachteter Tabus. Daß diese Ausnahme nur für Gäste galt, die ernsthaft kurten, nicht aber für solche, die nur für drei oder vier Tage «lustweise» herkamen, mildert die Überraschung nur wenig. Umsomehr, wenn wir hören, daß der Wirt *allerhand frömden köstlichen Wein* ausschenken durfte – und dies in einer streng auf Autarkie und Importbeschränkungen ausgerichteten Ökonomie. Weitgehende Tanzprivilegien – im Meltinger «Bedli» durfte an gewöhnlichen Sonntagen gleich nach der Predigt aufgespielt werden – vervollständigen das Bild einer von den Behörden widerwillig abgesegneten Enklave der Lebensfreude.

Das Asylrecht galt freilich nicht für Vergehen, die sich jemand innerhalb der Bade-Gemarkungen zuschulden kommen ließ. Im Gegenteil: Weil der Gast die «Freiheit» (das angestammte juristische Privileg also) mißbraucht hatte, fiel die Strafe um so schärfer aus. Wer im solothurnischen Attisholz «die Freiheit brach», bezahlte ungewöhnlich hohe Bußen. 1643 brummte man einigen rauhen Burschen nach einer Schlägerei Bußen von 100 bis 250 Pfund auf (drei bis sieben Monatsgehälter) – und dies mit der ausdrücklichen Begründung: *wyl es in einer Freiheit geschehen*. Ähnlich schützte auch das Badener Privileg diejenigen Schlaumeier nicht, die durch anhaltende Badenfahrten ihren Gläubigern zu entgehen hofften. Wer *für und für in kurtzer zyt vil badfarten* unternahm, um Gläubigern auszuweichen, wurde nicht mehr vor dem Büttel geschützt. Auch jemand, der einer drohenden Pfändung aus dem Weg zu gehen hoffte, indem er kurzerhand eine Badekur ankündigte, konnte den Verlauf der Pfändung nicht aufhalten.

Freie Metzen, floralische Jungfrauen
Man traut seinen Augen nicht: 1566 bitten einige Luzerner Chorherren den Rat um Erlaubnis, mit ihren «Metzen» eine Badenfahrt antreten zu dürfen, was *umb der Ergerniss willen* abgeschlagen wird. Weiter aber kein Ton der Entrüstung. Daß geistliche Herren sich in Gesellschaft leichter Mädchen vergnügen, wird vollends zur Alltäglichkeit, wenn man die 1520 erlassene Weisung des Badener Rates an die beiden Badknechte liest. Zwar sollen sie alle Priester wegweisen, die die Stadt mit einem Bürgermädchen betreten. *ob aber ein priester ein frye metzen zu im in siner kamer fürte, den mögent sie uffnemen* heißt es auf dem Fuße: Stadtbekannte leichte Mädchen bedeuten keinen Arg. Freilich hat schon Poggio die lustig badenden Nonnen mit «floralischen Jungfrauen» verglichen und seine geistlichen Kollegen in verständnissinnigem Ton geschildert: Äbte, Mönche und Ordensbrüder badeten zwar gleichzeitig mit den Frauenzimmern und vergäßen auch oft alle Zwänge ihrer Gelübde, gleichzeitig aber auch alle Traurigkeit und Mißvergnügen.

Um so verständlicher werden die leichten Sitten, wenn man die Nähe des berüchtigten Zurzach bedenkt. Hier trafen sich

Gesundungskur oder Vergnügungstreff? Leuk im 18. Jahrhundert.

Bäder für Herren und Knechte. Oben: *Pfäfers 1784;* gegenüberliegende Seite: *Schinznacher Speisesaal um 1820; Aquatinta von Franz Hegi.*

alljährlich die Dirnen der Welt – von der hauptstädtischen *poule de luxe* bis zur abgetakelten Dorfdirne –, wenn am Zurzacher Markt zum «Metzentanz» aufgespielt wurde. Traditionsgemäß beschenkte der Landvogt zu Baden die Schönste mit einem Gulden – ein schöner alter Brauch, der bis ins Jahr 1308 zurückging: Der einem Attentat erlegene König Albrecht soll damals in den Armen einer Dirne sein Leben ausgehaucht haben. 1535 erhoben die reformierten Stände zwar gegen die angeblich unsittliche Tanzerei Einspruch, aber ohne Erfolg. Die katholischen Orte verwahrten sich gegen jegliche «ketzerische» Neuerung. Im übrigen habe man auf die althergebrachte Art Freier und Dirne zugleich unter Kontrolle.

Die tollsten Tage erlebte Baden freilich einige Jahrzehnte früher: zur Wende vom 15. zum 16. Jahrhundert. Die schlagkräftigen Schweizer Elitesöldner lockten königliche Werber zuhauf in die Eidgenossenschaft. In den Bädern wurden nicht nur Soldverträge abgeschlossen, wenn mit schweren Devisen ausgerüstete Gesandte wie der französische Anwerber Rocquebertin auftauchten. Mit ihm kamen die Edelhürchen aus allen Landesteilen; Tafel- und Bordellfreuden waren *on the house,* und jeden Morgen sorgte der Franzose mit einem populären Ritual für Aufsehen: Nach der Messe streute er mit vollen Händen Kleingeld in die Freibäder. Ein Dutzend Jahre vorher sorgte schon der Bürgermeister Zürichs, Hans Waldmann, für Aufsehen. Zuhause sorgten strenge Sittenmandate für sittliche Reife – Despot Waldmann aber sprach mit Spießgesellen und weiblichem Gefolge in den vornehmsten Gasthöfen Badens ein, immer auf dem Quivive, was unbekannte weibliche Kurgäste betraf. Obwohl ihn seine Ehefrau und sechs lebenslustige Mädchen begleiteten, machte er anläßlich einer Kur im Jahre 1488 einer hübschen Baslerin Avancen. Als seine Geschenke keinen Eindruck machten, versuchte er die direkte Tour und ließ sich von einem Badknecht in die Kammer der Angebeteten führen. Die Episode endete mit einer öffentlichen Anklage der Baslerin, deren Schluß der robuste Zürcher Lebemann freilich nicht mehr miterlebte: 1489 richteten ihn seine eigenen Untertanen hin. Wie hundert Jahre später der 23jährige Ulmer Patrizierssohn Hans Ulrich Krafft seinen kurzen Zwischenhalt macht, winken dem kaum angekommenen Jung-Globetrotter schon erotische Abenteuer. Wir erinnern uns: Zwei Bürger laden ihn zu einem Glas Wein ins Gartenrestaurant. Hier sticht er offenbar einer französischen Gräfin ins Auge. Kaum hat er nämlich das Glas zum Prosit erhoben, spricht ihn der stattlich gekleidete Diener der adligen Dame an und führt ihn in ihr Privatbad: *die sass im Wasser... bloss bis uff den Nabel, mit einer einfachen guldin köttin und Zwayen Armband behengt.* Schon nach kurzer Konversation steuert die Gräfin ihr eigentliches Anliegen an: *begertte starck an mich, (ich) soltte in Irn Losamentt mein Nachtleger haltten.* Leider hat der junge Springinsfeld bereits Pferde bestellt; um fünf Uhr abends geht seine Reise weiter.

Genug der *chronique scandaleuse.* Sie wird durch zwei Jahrhunderte hinweg nicht nur durch unzählige Mandate belegt, die sich mit dem Prostituiertenwesen beschäftigen. Daß hier höchstens mit Kompromissen eine gewisse Ordnung geschaffen werden konnte, zeigt die Badener Verordnung von 1520, die *frye mätzen* zwar duldet, aber: *welche ein manott* (Monat) *hie gewesen, dero soll man hinweg bietten, so lang als sy hie gewesen ist, die Stadt ze miden.* Ein Monat Zurzach, ein Monat Baden – so ließ sich auch als Dirne leben.

Schließlich zollten selbst die Benimmregeln des basellandschäftlichen Neu-Schauenburg dem Allzumenschlichen Tribut. So steif-gesittet die Rokoko-Bürgerschicht von 1764 sich auch aufführte – in einem Punkte sah man klar. Ehebrecher wurden zwar bestraft; vernachlässigte aber ein Ehegespons seinen hier weilenden Partner, dann wollte man der Natur nicht im Wege stehen: *wann ein Mann seiner Frauen oder eine Frau ihrem Mann innert ersten acht Tagen keinen Besuch abstattet, solle jeder Parthey frey stehen, sich anderwärts Rath zu schaffen.*

Herrenbäder, Armenbäder: Die grosse Parade

Dem braven Hans von Waldheim, der 1474 von Halle nach Baden reiste, stachen vor allem die «köstlichen Kleider» und die «silbernen Trinkgefäße» seiner Kurgenossen ins Auge. Zu allen Zeiten ging man ins Bad, um zu sehen und um gesehen zu werden. Nicht von ungefähr zeigen viele zeitgenössische Abbildungen Galerien rund um die Bassins. In Baden waren laut Poggio *in der Höhe Gänge angebracht, wo sich Mannspersonen zum Sehen und Plaudern einfinden, und wohlverstanden stehet da jedem frei, in des andern Bad einen Besuch zu machen, zu scherzen, sowie... hübsche Frauen am grössten Teil des Leibes nackend zu schauen.*

Solche Motive beseelten sicher einen Teil der Zuschauer. Beliebte Promenaden führten aber auch zu *après-bain*-Begegnungen – wir erinnern uns an das Badener «Mätteli». Ebenso traf man sich in Leuk oder Pfäfers in Trinkhallen und auf Spazierwegen. Freilich: Die vornehme Welt hielt sich gerne abseits. Die isolierten «Herrenbäder», mit denen viele Gasthöfe aufwarteten, führten zu temporären Zusammenschlüssen, den sogenannten Tafeln – eine ständische Ordnung, die sich auch in Pfäfers widerspiegelt, wo man zwischen «Herrenbad» und «gemeinem Bad» unterscheidet. Der Bademeister muß hier darauf achten, daß jedermann nach Stand und Würde *gelosieret* wird – daß also nicht der sozial Tieferstehende dem Vornehmen den Platz streitig macht. Freilich sorgen geschriebene und ungeschriebene Gesetze dafür, daß auch den Allerärmsten immer ein Platz bleibt. Viele Badeorte kennen eigentliche Volksküchen, wo Bettler und Invalide aus Almosengeldern gratis gespeist und beherbergt werden. Pantaleon erzählt vom raffinierten System der Badener Bettler: Diese stellen ihre Schüsseln auf den Rand des Freibades. Keinem ist erlaubt, dem Spender seine eigene Schüssel zu bezeichnen. Die Wohlhabenden legen Brot, Geld oder andere Gaben in die Schüssel, worauf alles auf einen Haufen gelegt und gleichmäßig unter die Bettler verteilt wird – gleichzeitig ermahnt der Badknecht die Bettler, für ihre Wohltäter zu beten und sich ganz allgemein dankbar zu erzeigen.

Der Hallesche Bürgerrat Hans von Waldheim findet in der Kurgäste-High-Society von Baden Aufnahme, sobald man ihn als Gleichgestellten erkennt: Ein Ritter Hans von Ems lädt ihn sogleich ins gemütliche Privatbad und tritt ihm die eigene Gattin als «Maienbuhlen» ab. Solche Vorrechte für «sonderbare» Personen kennt man selbst in einem Provinzbad wie dem solothurnischen Attisholz. Hier ist das beste Badegemach für den jeweiligen obersten Staatsbeamten reserviert, der es seinerseits häufig an durchreisenden Adel abtritt. Das sogenannte «Bodenstübli» muß bis drei Uhr nachmittags freigehalten werden. Sind bis dahin weder der Landammann noch adlige Freunde mit Empfehlungsbrief eingetroffen, so darf es an zahlungskräftige gewöhnliche Sterbliche angegeben werden.

Pikant wird diese Konfrontation verschiedener Stände, wenn in den Bädern alteidgenössischer Biedersinn auf adlige Formenstarre trifft. Der «durchlauchtige hochgeborene» Jörg Friedrich Markgraf zu Brandenburg – wir wissen es bereits – hat Baden 1575 «in eigener Person» mit seinem Besuch beehrt. Natürlich muß

Bäder für den Mittelstand: Kappel um 1700.

einen guten Tag, watet in Stiefeln und Sporen durch das Bassin und bietet dem Fürsten die Hand zum Gruß. Pantaleon: *Ich vermercket damalen das sich der Fürst etwas entferbet.*

Gibt es in den Kurorten einzelne Gasthöfe und Bäder, die die herrschende Schicht mit drei Sternen versieht, so unterscheidet man auch zwischen «vornehmen» und volkstümlichen Badeorten. Zu den letzteren gehören die meisten Berner Oberländer «Bedli», auch etwa das zugerische Kappel oder das Zürcher Gyrenbad. St. Moritz wiederum gilt zur Zeit von Paracelsus als *comme il faut;* um 1600 verfällt es der Vergessenheit, erlebt dann eine trügerische Zwischenblüte und präsentiert sich 1811 dem Balneologen Johann Ludwig Meyer wiederum als *ein Häuschen, das alle Begriffe von Armseligkeit übersteigt.*

Scharf heben sich die sozialen Konturen dann voneinander ab, wenn die Geldbörse über den medizinischen Erfolg einer Kur entscheidet – wenn bei Überbesetzung die zahlenden Gäste nach Herzenslust baden, die Armen aber bloß ein paar Randstunden zugewiesen bekommen. Ein Bad wie Pfäfers glättet solche Unterschiede freilich durch seine gefährliche Lage aus. Jede Reise vom und zum Bassin ist ein halsbrecherisches Unterfangen, und wer hier ist, bleibt auch hier. Aus dem Jahre 1631 erzählt Chronist Kolweck, viele Gäste würden Tag und Nacht im Wasser bleiben, mit *Essen, Trincken und Schlafen: Die Reichen... um Lust halber, die Armen aber um ermanglender Herberg... oder damit sie die Zeit ersparen und desto bälder fertig werden... Andere gerathen auss unaufhörlichem Baden und zerbrochnem Schlaff in die Unsinnigkeit (Ohnmacht), deren etliche, als die Nebensitzenden alle geschlaffen, gesuncken und ertruncken.*

auch die Stadt Zürich dem deutschen Adligen mit einer Schenkung aufwarten – nur daß der Zürcher Bannerherr Heinrich Lochmann trotz verschiedener Anläufe keine Audienz bei Durchlaucht kriegt. Anstelle des Fürsten nimmt ein Adjudant die Gabe entgegen. Lochmann – so erzählt wenigstens Badechronist Pantaleon – schwört hoch und heilig, er wolle den Markgrafen vor seiner Rückreise nach Zürich persönlich sprechen; anders dürfe er sich vor der Regierung zuhause nicht mehr sehen lassen. Der Markgraf aber pocht auf seine Kränklichkeit und will niemanden empfangen, bis der biedere Zürcher schließlich zur Selbsthilfe greift und ohne Einladung ins markgräfliche Privatbad vordringt. Wie *ein alter einfeltiger Eydgnoss* – so Pantaleon – wünscht Lochmann seiner Durchlaucht

Freistatt für die Armen: Badener Verenaplatz; Aquatinta von Franz Hegi (Ausschnitt).

*Alltag im Verbot:
Baderegeln und Sittenspiegel*

Die Pfäferser Bade-Ordnung von 1619, vergleichbar vielen anderen, gibt einen farbigen Einblick in den Bade-Alltag vom damals. In zehn Paragraphen wird folgendes verboten, mit Strafe belegt oder verordnet:

1) Keine Schlägereien oder Messerstechereien. Bestraft wird, wer *einen andern mit der Faust schlage* oder *mit Wehr, Tolchen oder Messern schädigt.*
2) Kein Spritzen im Bad. Bestraft wird, wer *dem andern ubertrang thun solle, als durch spritzen, tauffen, oder frevenlich ins Bad fallen.*
3) Das Bad nicht als WC benützen. Bestraft wird, wer *das Bad maculiere... durch Menschlicher notturft oder womit das geschehen köndte... das solcher gestanck und geschmack vermitten bleibe.*
4) Keine sittlichen Übergriffe gegenüber weiblichen Badegästen. Bestraft wird alle *ungebühr gegen jnen, weder mit unzüchtigem antasten, uppigen oder unschamhafften worten.*
5) Keine Entblößung im Bad.
6) Keine Trunkenheit im Bad. Bestraft wird vor allem, wer *durch die völlerey den wein widerumb von sich geben* muß.
7) Keine konfessionelle Propaganda. Bestraft wird, wer *durch schmitzen und schmähen wider den landfriden* frevelt. Nur *bescheidener gesang* wird geduldet, aber kein *ungeheures geschrey, damit nit zuforderst die Alten, und die sonst blöde Häupter haben, mit Verdruss im Bad sitzen.*
8) Kein ungebührliches Verhalten während Morgen- und Abendgebet.
9) Keine Verletzung der Standesordnung, welche Würdenträgern die besseren Plätze zuweist.
10) Keine übrigen, hier nicht aufgeführten Übergriffe. Jedermann muß den Badknechten bei der Festnahme von Fehlbaren helfen, und zwar *bey verliehrung jhrer ämpter und lehen.*

Exodus für drei Wochen: Die Badenfahrt

Mit Sack und Pack in die Ferien: Ankunft des Badenschiffes; aus der Serie «Sonst und Jetzt» von Johann Salomon Hegi (1814–1896). 1863 (Ausschnitt).

Wie kam es, daß kerngesunde Familien jedes Jahr dieselbe Plackerei auf sich nahmen? Denn wer ins Bad oder «Bedli» zog, führte nicht selten den halben Hausrat mit – Möbel, Teller und Löffel, Hunde und Katzen –, schlug sein Lager in ein oder zwei kargen, unmöblierten Zimmern auf und drängelte sich vor den Herdplatten einer überfüllten Gemeinschaftsküche. Wie kam es, daß geistliche Damen wie die Fraumünster-Äbtissin Anastasia von Hohenklingen Geld und Ruf aufs Spiel setzten, nur um während drei oder vier Wochen mit von der Partie sein zu können? Für das Jahr 1415 jedenfalls bezeugt der Chronist, die weltlich gesinnte Geistliche habe einen ganzen Bauernhof verkauft, um eine Badereise zu finanzieren. Bettler, Dirnen, Glücksritter – sie alle zog es während der Hauptsaison, im Frühjahr und im Herbst, unwiderstehlich zu demjenigen Kurort, der den meisten *glamour* versprach. Ab Mitte des 15. Jahrhunderts wird die «Badenfahrt» zum festen Begriff und meint ein Ferienpaket mit oft aufwendiger Anreise, Bad und Unterhaltung am Bestimmungsort – Gesundheitspflege und Pflege gesellschaftlicher Beziehungen zugleich. Begriff und Einrichtung hielten sich bis in die Zeit unserer Urgroßväter – noch 1818 publiziert der Zürcher Poet David Hess unter dem Titel «Die Badenfahrt» eine Sammlung historischer und aktueller Anekdoten rund um das Badeleben.

Was gab diesem Brauch, vergleichbar dem heutigen Dreiwochen-Exodus an überfüllte Mittelmeerstrände, diese unwiderstehliche Anziehungskraft? Gesundheitliche Motive spielen kaum für die Hälfte der Gäste eine wichtige Rolle. Das Abenteuerliche der Anreise, die behagliche Selbstinszenierung, das Spielerisch-Verantwortungslose des Kurbetriebs – dies alles gab wohl eher den Ausschlag. Noch heute läßt der Badener Kurverein alle zehn Jahre eine Badenfahrt veranstalten – einen bunten Korso, mit dem der Vergangenheit Reverenz erwiesen wird.

Verbotene Modeschau

So simpel es tönt: Der Wunsch, sich in den neuesten Kleidern zu zeigen, genügte vielen als Hauptgrund für die Reise. Zuhause – ob in der Stadt oder auf dem Dorf – mußte sich der Bürger an streng definierte Kleidermandate halten. So verbietet eine solche Vorschrift aus dem Jahre 1636 den Zürcher Männern in beamtenhafter Präzision das Tragen von «engen ausländischen Hosen», von spitzenverzierten Krausen und Gürteln oder von Handschuhen, die mit Gold und Silber bestickt waren. Für Frauen sind zur gleichen Zeit ausgeschnittene und offene Ärmel verboten – die Behörden informieren sich offensichtlich aufs eingehendste über die modischen Trends –, ebenso «Pelzhüte mit darunter hervorlugenden langen Spitzen» oder «Pelzröcke mit langen Schößen». Wechselte die Mode, so wechselten auch die Verbote. Sinngemäß sollten die Mandate den Bürger davor bewahren, sich in unnötige Kleiderausga-

Das Bad als Heiratsmarkt. Oben: *Badener «Mätteli», um 1750;* gegenüberliegende Seite: *Badendes Liebespaar; Holzschnitt um 1550.*

ben zu stürzen. Als um 1600 die Männer Pumphosen zu tragen begannen, die man unter den Knien zusammenband, tat flugs ein Mandat diese *unanständig newerung* in Acht und Bann. 30 Jahre später importierten Frankreich-Reisende die neue Mode: enge und lange Beinkleider. Dem Rat waren nun plötzlich die Pumphosen genehm (die sich offenbar allen Bußen zum Trotz durchgesetzt hatten) – verboten war jetzt die neue Mode, eben die «engen ausländischen Hosen».

All dies spielte in den Badekurorten keine Rolle mehr. In seiner plumpen Satire «Heutelia» beschreibt Jakob Graviseth um 1650 die eitlen Städter, die *von Wollust, Hoffarth und Pracht wegen* ins Bad zögen, *dann ihrer viel mit dem, was sie daheim nit tragen dörffen, daselbst prangen, ja auch etliche Kleyder und Kleinodien entlehnen, damit sie desto besser angesehen werden.* Zuhause regelten Mandate auch jegliche Art von öffentlicher Lustbarkeit. Sowohl Städter wie Bauern mußten – und dies bis zum Ende des *ancien régime* 1799 – bei Hochzeiten oder Taufen, beim Tanzen oder bei Ausflügen einen genau festgelegten Spesensatz einhalten. So- und soviel Musikanten waren erlaubt; so- und solange durfte getanzt, gesungen oder gegessen werden. Auch hier galten die Bäder als Freistatt, wo lockerere Vorschriften herrschten – besonders wenn sie, wie das jurassische «Burgbad», einen Restaurationstrakt aufwiesen, dessen Tanzsaal auf französischem Boden lag.

Liebes- und Heiratsmarkt

Wer vergißt die Szene, wie Gotthelfs schwefelgelbes Elisi aus «Ueli der Knecht» beim Tanz im Gurnigelbad einen vornehmen Freier sucht und findet? Nicht zuletzt sind die Bäder auch Heiratsbörsen, wo sich Unverheiratete aller Kreise unter den Augen mehr oder weniger wohlwollender Mütter treffen. Ist der unbegleitete Badegast schon verheiratet, so stört das auch nicht weiter. Jedenfalls kommt es doch eher selten vor, daß sich jemand vom Badearzt ein Unbedenklichkeitszeugnis ausstellen läßt – so wie die drei Bürger aus dem süddeutschen Weil, die 1583 ins luzernische Luthernbad zur Kur kamen und sich eine Bescheinigung besorgten, die festhielt, sie wären zur Pflege der Gesundheit gekommen und hätten Frau und Kind nur in der Absicht verlassen, «dieses göttliche Geschenk genießen» zu dürfen.

Zürcher Bräute wollten die jährliche Geselligkeit freilich auch nach der Hochzeit nicht missen müssen. Wohlbestellte Töchter nahmen mitunter eine Klausel in ihren Ehekontrakt auf, die ihnen – begleitet oder unbegleitet – eine jährliche Badenfahrt zusicherte. Ob kontraktlich verankert oder nicht: Zu den heiligen Quellen drängte ohnehin immer die Gattin, wenn man dem Volksmund glauben will:

Der Mann schafft Tag und Nacht, badt in seynem Schweiss,
Alles die Frau verzehrt in ihrem Bad mit Fleiss

heißt es in einem populären Kupferstich des 17. Jahrhunderts. Mit gröberem Geschütz fährt der Spruch auf, der um 1750 noch im Liebenauer Badehaus zu lesen war und von einer kinderlosen Ehefrau erzählt, die der Gatte ins Bad schickt:

Das Weib zog hin auf des Mannes Rath.
Weiss nicht, wie es gieng, gut war die Stund:
Schwanger ward das Weib, die Magd und der Hund.

Aber auch die Herren der Schöpfung sicherten sich die jährliche Badereise – als behördliche Zulage, wie sie manchen Beamten in der Form des «Herbstbades» zustand, als bezahlten Urlaub, wie ihn etwa die Chorherren des Zürcher Großmünsterstifts jährlich einzogen. Der Berner Burger Hans von Diessbach sicherte sich die heißbegehrten Ferien, indem er gleich ein eigenes Bad kaufte – das Enggisteinbad –, und in seinen Pachtvertrag die folgende Klausel aufnahm: *Darzu so hab ich Hanns von diessbach mir selbs und minen erben... vorbehalten, zu jegklichem jar, wenn uns das fuget, ein badfart ze tund, mit unserem husgesind; und sol uns ouch in dem bad das beste gemach vorbehalten sin.*

Ob solche Arrangements den jährlichen «Bäderkram» vergessen ließen? Für die meisten jedenfalls war es undenkbar, ohne einen Trost für die Zuhausegebliebenen zurückzukehren. Als «Kram» (von *kramen* – kaufen) galt alles mögliche. Pfarrer Burkhard aus Niederweningen kaufte 1736 im aargauischen Baden mehrere Kegelspiele ein, die er seinen Freunden zuhause verschenkte. Als beliebtes Mitbringsel galt Backwerk, dessen Vorderseite mit Szenen aus dem Bade-Alltag geschmückt war. Ab 1550 tauchten die ersten «Badtruckli» auf – reich bemalte Kästen aus Fichten- oder Tannenholz, in die man allerlei Zuckerwerk oder kostbare Schnupftücher legte.

Daß man bei solchen Einkäufen an alle Mitglieder des Hausstandes dachte, zeigt aufs schönste die bereits erwähnte Gotthelf-Episode: Auf der Heimreise vom Gurnigelbad kauft die Glungge-Bäuerin für Familie und Bediente Mitbringsel ein, bis das Fuhrwerk nur noch knappen Platz zum Sitzen bietet. – Zum groben Epigramm gerät einem anderen Schweizer Dichter, dem Toggenburger Pfarrer Johann Grob, das Thema «Bäderkram»:

Wann der Frauen Bader-Cur
und die liebe Zeit verflossen,
Dann so geht das Kramen an;
freuet euch, ihr Hausgenossen.
Knecht und Magd ist unvergessen,
auch der Nächstgesessnen Schar;
Hat der Mann dann nichts zu hoffen?
Ja, ein schönes Hörnerpaar!

Ehrengabe oder Bestechung:
Die Badschenkung

Noch öfter waren es freilich die Zuhausegebliebenen, die dem Reiselustigen allerlei Nützliches mitgaben. Die populären «Badschenkungen» hatten ihren tieferen Sinn: Da der Kurgast den ganzen Haushalt für drei bis vier Wochen in den Badeort verlegte, gab man ihm gerne einen Notvorrat mit. Daraus entwickelte sich bisweilen eine institutionalisierte Quasi-Steuer, die manche Zinspflichtigen an den Rand des Ruins brachte. *Man sagt wol, wir sygen ein fry Volk, habind keine Fürsten und Halsherren* wettert um 1620 der Zürcher Antistes Breitinger: *Uns ist das Badschenken Fürsten und Halsherren genug.*

In der Tat ist seine Empörung nur allzuoft berechtigt. Aus den Naturalgaben wurden bald silberne und goldene Kleinodien. Zählt der Luzerner Chronist Cysat, der 1580 im Rootbad Kur macht, noch Pomeranzen, Lebkuchen, Steinhühner und Fische auf, mit denen ihm seine Freunde den Aufenthalt schmackhafter gestalten wollen, so erhält etwa der Zürcher Reformator Bullinger praktisch nur Prestige-Gaben, wie er zur gleichen Zeit ins Zürcher Gyrenbad zieht. Sowohl die Räte als die Zunftmeister Zürichs schicken je einen silbernen Becher. Die Stadt Winterthur will sich nicht lumpen lassen und präsentiert ebenfalls einen silbernen Humpen.

Die Entscheidung zwischen Ehrengabe und Bestechung fällt schon schwerer, wenn Bürger aus Stadt und Landschaft Zürich am 8. September 1534 dem Bürgermeister Diethelm Röist einen ganzen Ochsen nach Baden bringen, und zwar *in blouw und wyss zierlich bekleydet*, mit einer um die Hörner baumelnden Geldbörse, die zwanzig Goldgulden enthielt. Und, diskret versteckt, die Liste der Spender. Nach sanfter Bestechung riecht auch der Zug von 70 Schaffhauser Bürgern im Jahre 1579: Hier sichert man sich das Wohlwollen des in Baden ferienmachenden Bürgermeisters Dietegen Rink mit einem großen silbernen Pokal, einem «großen feisten Ochsen» und einem fest-

Von Badenschenckungen.

DIewyl mit den Badenschenckungen die Jahr haro mercklicher vberfluß getriben worden/ dardurch mancher ehrlicher Mann zu grossem kosten kommen/ vnnd doch den jenigen/ so die schenckenen empfangen/ wenig nutzes daruß gangen ist: So thünd Wir hiemit solche Badenschenckungen gentzlichen verbieten/ Vnd ist hierauff Vnser ernstlich Gebott/ Will vnd Meynung/ daß nun fürhin niemandem vberall/ kein Silbergschirr/ Gold noch Gelt: Item auch kheine läbendige Schaaff mehr/ noch andere sachen/ es were an essigen Spysen oder sonst/ weder in twärender Badenfahrt/ noch auch nach endung derselben/ wann man widerumb anheimbsch wirt in das Bad verehrt werden söllind: by fünff vndzwantzig pfund gelts vffgesetzter büß.

« Weder Silbergeschirr, noch lebendige Schafe »:
Zürcher Mandat betreffend Badenschenkungen,
1636.

lich geschmückten Widder.

Daß Badschenkungen durchaus auch in freundschaftlicher-wohlwollendem Geist und ohne erwartete Gegenleistung verabreicht wurden, zeigt ein anonymes Basler Gedicht aus der Wende des 15. Jahrhunderts. Die unbekannt gebliebenen Spender gaben den offenbar weiblichen Reisenden, zusammen mit ihrem Reim-Kunstwerk, allerlei Haushalt-Paraphernalia mit:

Der teller sollent zwentzig sin
Und zwelff Senffschusselin,
Ein schumlöffel und ein saltzfass,
Die Hackmesser ligend hininbass...

Wenig Delikatesse zeigen die Geber bei den Utensilien für Toilette und Schlafkammer. Neben Kamm und Badschwamm wird der Sendung ein Nachttopf beigelegt, während das sinnigerweise dazugeschmuggelte Scherchen dem Schneiden der Schamhaare dienen soll:

Und wolltend Ir üch nit beschammen,
So bruchend daz scherlin, were es nott;
Ir wissent wo daz hor stott.

Heublumen sollen die Milben vertreiben; mit einem Pfund Safran sollen die Empfängerinnen ihr Haupthaar blondieren. Das alles wird mit scherzhaften Worten kommentiert – zum Schluß entschuldigt sich der Spender, daß er nicht selber Gesellschaft leisten kann, weil ihn Geschäfte zurückhalten, und fügt als letzten Gruß bei:

So spar üch Got so lang gesunt,
Biss ein hase vahet (fängt) *ein hunt.*

Wie gesagt: Die Badschenkungen wurden immer kostspieliger, und für einmal zeigte sich die Mandatfreudigkeit der Räte von ihrer guten Seite. So verboten die Zürcher Stadtväter mit Verordnungen von 1529, 1595 und 1609 die kostspieligen Zuwendungen. Weder geistlich noch weltlich, so hieß es 1529, dürfe in Zukunft *gelt, geltswert, ässige spys noch anders* ins Bad schenken; damit würde Reich und Arm *grosser, unnotdürftiger, überflüssiger kost* erspart. Wie so oft wußte freilich auch hier die stadtväterliche Linke nicht, was die Rechte tat: Bürgermeister wurden von diesem Embargo ausgenommen und erhielten regelmäßig schwere silberne Becher; die Stadt selber verordnete regelmäßig Badschenkungen an Ratsherren, Stadttrompeter, Hebammen und Schanzenschreiber.

Hübsch ist die Geschichte vom Zürcher Antistes Breitinger, der als einer der erbittertsten Feinde des unguten Brauches regelmäßig Strafpredigten hielt und auch das Wort von den «Halsherren» prägte. Als er 1618 in Baden zur Kur weilte, forderte der Rat die Zürcher auf, dem verehrten Großmünster-Prediger je einen Dukaten für ein stattliches Geschenk zu stiften. Der fromme Herr wies die Gabe so entschieden zurück, daß der Ratsdiener die gestifteten Dukaten einzeln an die Spender zurückbringen mußte. Nicht genug damit: Als Breitinger ein gutes Dutzend Jahre später erneut eine Strafpredigt gegen den korrupten Brauch hielt und sie dergestalt mit Anspielungen und ehrenrührigen Beispielen würzte, daß ihn der Rat vor einen Untersuchungsausschuß zitierte, geriet seine Verteidigungsrede wiederum zu einem saftigen Plädoyer gegen Ämtermißbrauch und Korruption. Der Bürgermeister, der dem Rat am nächsten Tag Bericht erstatten sollte, gestand eingeschüchtert, der Ausschuß sei völlig abgeblitzt: «Was soll ich viel sagen? Wir sind bestanden wie die Laus auf dem Ärmel!»

Wahrscheinlich hat sich die Badschenkung aus den Empfangsgaben entwickelt, mit denen man hochgestellten Persönlichkeiten, die in der Schweiz die Kur gebrauchten, den Aufenthalt verschönerte. Die Gabe sollte den Beschenkten ehren und den Schenker in Erinnerung rufen; der Badeaufenthalt war bloßer Anlaß. In den eidgenössischen Annalen vielzitiert

DER EUROPÄISCHE FRIEDENSKONGRESS
zu Baden
～ 1714 ～

ist die Empfangsgabe, die 1474 der Herzogin von Österreich galt. Die äußerst populäre Eleonore, Gattin des Herzogs Sigismund von Österreich und Tochter Jakobs I. von Schottland, war *mit vil ir jungfrowen und edler lüten gen Baden komen;* sie empfing von seiten der ganzen Eidgenossenschaft Viktualien wie Ochsen, Schafe und Butter im Wert von siebzig Gulden. So etwas, meint der Chronist Schilling, sei zwar ein unerhörter Aufwand. Man feiere damit aber die Ewige Richtung zwischen den Eidgenossen und Herzog Sigmund von Österreich. Eleonore hatte diesen Staatsvertrag lange Zeit gefördert und verstand ihre Badenfahrt als politische Geste: Seit der Einnahme Badens durch die Eidgenossen im Jahre 1417 hatte nämlich kein österreichischer Herzog mehr die populäre Quelle besucht.

Daß das Limmatstädtchen, das während Jahrhunderten die eidgenössische Tagsatzung beherbergte und politisch einflußreiche Adlige zuhauf unter seine Gäste zählte, zum wichtigen innen-und außenpolitischen Zentrum wurde, versteht sich von selbst. Die Abgeordneten der dreizehn Orte, die auswärtigen Heerführer und Adligen – beim Europäischen Friedenskongreß 1714 waren es gar gekrönte Häupter – schätzten die gesellige und leichtlebige Luft rund um die Bäder: Politik und Vergnügen schlossen sich hier für einmal nicht aus.

«Dreikönigsbad» hieß das Limmatstädtchen nun allerdings nicht – wie das einige Chronisten behaupten – der hohen blaublütigen Frequenz wegen. Die korrekte Erklärung liefert hier der Zürcher Polyhistor Conrad Gessner: *Der erste Name kommet her von einer Kirch bey dem Hinteren Hof, zu den Drei Königen genannt, da ehemals soll gestanden seyn ein Heidnischer Götzen-Tempel.* Mit dem zweiten Namen meint Gessner die Bezeichnung «Herzogenbad» – diese stammt, wie wir gesehen haben, von der Vorliebe der österreichischen Herzöge für die Schwefelthermen an der Lägern. Nachdem das Städtchen an die Eidgenossen gefallen war, brachte diese Vorliebe den Österreichern allerdings manche demütigende Situation ein. So ließ 1421 Herzog Friedrich durch einen Vermittler, den Grafen Friedrich von Toggenburg, bei den Eidgenossen nachfragen, ob ein Besuch genehm sei – er wolle mit einem Gefolge von ungefähr sechzig Personen die Bäder für einige Wochen benützen. Abgeschlagen wurde ein solches Gesuch zwar nicht; indes verdroß der diplomatische Umweg die Wiener Blaublütigen so sehr, daß sie bis zum Staatsbesuch von Eleonore auf weitere Kuren im Aargau verzichteten.

Wenn wir uns nur schon auf die Badener Annalen beschränken, so fällt auf, wie hoch der Anteil blaublütiger Badegäste im 15. und 16. Jahrhundert ist. Ein wahres Stelldichein von Rittern, Baronen und Grafen, dazu hochgestellten Kirchenleuten, beschreibt der uns bereits bekannte Ratsmeister aus Halle, Hans von Waldheim, der 1474 in Baden einspricht. Als völlig Unbekannter trifft er ein; schon nach wenigen Tagen wird er in die Gesellschaft eines halben Dutzend namentlich aufgeführter schwäbischer Ritter aufgenommen. Ein Zürcher Domherr ist auch dabei; die Runde besitzt ihr eigenes Privatbad und lädt den angesehenen Ratsherrn angelegentlich ein. *Hans von Emsz bad mich zcu huse* erzählt Waldheim in der ihm eigentümlichen hypertrophen Rechtschreibung, *unde tad mir vile eren und gutes ... gab mir syne huszfrawe zcu eynem meyenbulen:* Der Ratsherr wird in die Mietwohnung des Ritters von Ems aufgenommen. Freilich hat der «Maienbuhle», den die Rittersfrau verkörpert, eher symbolisch-spielerische Bedeutung; sittliche Bedenken erweckt diese Szene für einmal nicht. Nach drei Wochen reist Waldheim ab, hocherfreut über den Treff mit seinen Standesgenossen, die alle *gar*

Hohe Politik im Tagsatzungssaal zu Baden; ganz links: *der* Maréchal de *Villars als Vertreter Frankreichs;* ganz rechts: *Prinz Eugen, der Bevollmächtigte Österreichs.*

Blaublütige und Bettler vor Badens Toren, J. S. Hegi (vgl. Abb. S. 34; Ausschnitt).

kostlich mit yren cleyderen und silbern tringkgefesse do weren.

Freies Geleit, Soldverträge: Bad und Politik

Hohe und niedere Politik mischten sich in den Bädertourismus, wenn es um die Frage des freien Geleites ging. Geleitsbriefe schützten nämlich die auswärtigen Reisenden, die in den eidgenössischen Vogteien – also zum Beispiel in Baden oder Pfäfers – zur Kur weilten. Freilich konnten einzelne eidgenössische Orte dem Träger das Geleit «künden»: Dann war ihm die Durchreise durch den jeweiligen Kanton verwehrt.

Aber auch der Kurort selber konnte diese Garantie aufheben. So kündigte 1498 der Abt von Pfäfers aus verschiedenen Gründen dem Badegast Jörg Gossenbrot die Immunität auf; der daraus resultierende Notenwechsel trug zum Ausbruch des Schwabenkrieges mit bei. Fast ebensoviel Aufsehen erregte 122 Jahre später die Geleitsaufkündigung an einen böhmischen Revolutionär. In Pfäfers hielt sich damals einer der böhmischen «Direktoren» auf – ein Aufständischer namens Friedrich von Tieffenbach. Aus guten Gründen – die Agenten seines Gegners waren überall – hatte er auf bewaffneten Schutz nicht verzichten wollen. In drei Punkten verstieß er damit aber gegen die Geleitsbestimmungen: durch das Tragen von «Unterwaffen», durch das Aufstellen bewaffneter Leibwachen, und durch unkontrollierte Ausbrüche gegen die katholische Konfession. Auf Reklamation des Erzherzogs Leopold von Österreich wurde der Revolutionär ausgeliefert – so oder so aber hätten die Habsburger ein schweizerisches Asyl für den rebellierenden Freiherrn als unfreundlichen Akt interpretiert.

Zur niederen Politik gehörte es wohl eher, wenn auswärtige Reisenden wegen sittlichen Vergehen ausgewiesen wurden, wie 1479 ein gewisser Rudi Teller, der in

Pfäfers Ehebruch begangen hatte. In einem solchen Fall schloß man den Schuldigen für 101 Jahre vom Besuch der Quelle aus – die Chronik weiß von keinem Fall, in dem diese Frist erdauert worden wäre.
Politik und Bädervergnügen mischten sich auch während der regelmäßig in Baden abgehaltenen Tagsatzungen, wo das gemeinsam genossene Badewasser manchen harten Konflikt aufweichen half. Regelmäßig vertreten waren hier auch Beobachter benachbarter Staaten: Frankreich schickte regelmäßig Vertreter, die zugunsten höherer Söldner-Kontingente antichambrierten; mit allen Wassern gewaschene Vatikan-Politiker verfolgten den weiteren Verlauf der im Kappelerkrieg zum Ausbruch gekommenen konfessionellen Auseinandersetzung zwischen katholischen und reformierten Orten.
Gerade im aargauischen Baden, wo der Konfessionsstreit zwei Nachbarn mit ansonsten freundschaftlichen Beziehungen traf, führten die Gegensätze zu erbitterten Zwistigkeiten. Baden hielt am alten Glauben fest und schikanierte – jedenfalls zur Zeit der schlimmsten Wirren – die reformierten Badegäste bis aufs Blut. Verstießen sie gegen die unwichtigste Vorschrift, wurden sie ohne Nachsicht aus der Stadt gewiesen. Besonders machten die Zwangssakramente böses Blut: Reformierte Badegäste, die während der Kur erkrankten oder gar in Todesgefahr gerieten, mußten die Beichte ablegen und andere *päpstlich ceremonien* über sich ergehen lassen. Infolgedessen erließ der Zürcher Rat 1529 ein Mandat, in dem die Badenfahrten für jedermann verboten wurden – bei der ausnehmend hohen Buße von vier Mark Silber.
Die Badener, von ihrem wichtigsten Kundenreservoir abgeschnitten, bekamen die Folgen des Embargos bald zu spüren. Die Gasthöfe blieben leer; Badknechte und Wirte standen arbeitslos herum. So schickte man eine Delegation nach Zürich und bat um eine Aufhebung des Verbotes: *Die von Baden aber kamend nach etwas zyts gen Zürich für (den) radt, embuttend sich, mit vill süsser worten, vil güts, batend, das man das Verbot widerumm uffhübe.*
Die «süßen Worte» und entsprechenden Zusagen taten das ihre: Nach kurzer Zeit kamen die ersten Zürcher ins Limmatstädtchen zurück. Weil es sich so gut bewährt hatte, setzten die Zürcher das Druckmittel gleich noch zweimal ein. Im Jahre 1660 bauten die Badener die alte Festung auf dem «Stein» aus; die Zürcher fühlten sich bedroht. Jetzt wollten sie das Embargo gleich auf die befreundeten evangelischen Kantone ausdehnen. Aber Bern, Basel und Schaffhausen winkten ab: Die Zürcher sollten ihre Nachbarn bei

Tagsatzungsgesandte ziehen in Baden ein; kolorierte Federzeichnung aus Gerold Edlibachs Zürcher Chronik, 1485/86.

dem alten Versprechen behaften, die umstrittene Festung erst dann auszubauen, wenn die Schiedsorte die Streitigkeiten beigelegt hätten. Die Zürcher blieben hart; 1665 wurde das Verbot um sechs weitere Jahre verlängert, und jetzt bekamen es die Badener mit der Angst zu tun. Noch im gleichen Jahr leistete eine Delegation vor dem Zürcher Rat Abbitte; das Gerücht von der ersehnten Aufhebung des Verbots setzte freilich auch die Zürcher in Bewegung: Schon Tage vor der offiziellen Zurücknahme waren alle verfügbaren Badener Gastzimmer von Zürchern bestellt – und zwar auf Monate hinaus.

Zwanzig Jahre später greift ein großes Sittenmandat wieder auf das Badenfahrten-Verbot zurück: Infolge wiederum verschärfter konfessioneller Streitigkeiten will man jetzt prospektive Kurgäste nur reisen lassen, wenn diese zuvor von einem «Praeside» der Reformation die Erlaubnis eingeholt hätten – offenbar fürchtete man die vielzitierten «jesuitischen Ohrenbläser».

Wohl einmalig dürfte der Münzstreit vom Jahr 1483 in der Geschichte dastehen – damals hatten die Zürcher ihr polit-ökonomisches Druckmittel zum ersten Mal angewendet. Sechs eidgenössische Orte hatten die damals kursierenden Fünfhallermünzen durch neue Nominationen ersetzt. Zürich, das sich übergangen fühlte, schloß sich dem neuen System nicht an – mit dem Erfolg, daß die Badener Badewirte die alten Fünfhallermünzen aus Zürich zwar entgegennahmen, allerdings mit einem Abzug von zwanzig Prozent: Sie wurden bloß als vier Haller angerechnet. Dieses erste Embargo wurde jedoch bald aufgehoben, nachdem man zu einer innereidgenössischen Lösung gefunden hatte.

Rechts: *Abfahrt des Badenschiffes in Zürich; Gemälde von Heinrich Freudweiler (1755–1795) um 1785 (Ausschnitt).*

Bittschrift für Geburtshelfer Sytz
Badener Alltag und hohe Politik berührten sich auch im Fall des populären Badearztes Alexander Sytz. 1516 hatte ihn die Tagsatzung aus der Eidgenossenschaft verbannt – dies wegen angeblicher politischer Umtriebe, über die jedoch keine näheren Angaben vorliegen. Der aus Marbach gebürtige Mediziner fand nun ausgerechnet in den Badener Frauen seine beredtesten Anwältinnen. In einer «Supplikation» oder Bittschrift wandten sich *all schwanger und ander ersam frowen zu Baden im Ergöw* – dies die Unterzeichnungsformel – an die Tagsatzung und baten, die Ausweisung rückgängig zu machen. Sytz, übrigens auch Verfasser einer ausführlichen Monographie über die Schwefelthermen am Lägernfuß, hatte sich den guten Willen der Bhörden offenbar zusätzlich verscherzt, weil er trotz eines hängigen Berufsverbotes bei einer Geburt assistiert hatte. Der Bittbrief legt nun dar, es habe sich um einen ausgesprochenen Notfall gehandelt. Die Frauen, die der Kindbetterin beigestanden hätten, hätten jegliche Hoffnung auf einen glücklichen Ausgang aufgegeben; erst dem Eingreifen des erfahrenen Geburtshelfers Sytz sei es zu verdanken, daß Mutter und Kind wohlauf seien. Überhaupt will man den kenntnisreichen Gynäkologen nicht missen: *Dann uns zwingt unnser blödi und arbeitseligkeit so wir frowen liden müssen uss schuld unnser aller Mutter Eva* – bei der naturgegebenen weiblich «Blödi» sei man auf männliche Assistenz bei der Geburt angewiesen. Überhaupt sei es jammerschade, einen solchen «nützlichen, kunstreichen und gelehrten Mann» aus dem Land zu jagen – vielmehr solle man den Doktor durch einen festen Kontrakt verpflichten.

Was die angeblichen politischen Verfehlungen betrifft, so wollen die Badener Frauen dem fehlbaren Doktor selber ins Gewissen reden. Sie seien sicher, auf ihre Vorhaltungen hin würde sich Sytz jeglicher Agitation enthalten und in Zukunft nur noch *siner sach der artzny wartten und acht haben*.

«Trocken aus dem Bad»: Redensartliche Baderei

Gelegentlich streut man vielleicht noch die Wendung *das Kind mit dem Bade ausschütten* ein. Oder jemand spricht davon, daß er eine Sache *ausbaden* muß. Den Bezug zur Wirklichkeit von damals stellt er aber wohl kaum her. Oder weiß er, daß früher der auf Heilung erpichte Kurgast so lange badete, bis ein unappetitlicher Ausschlag seine Haut bedeckte, und daß er diese Entzündung in klarem Brunnenwasser ... nun ja: eben *ausbadete?*

Wie wichtig die Rolle von Badestube und Mineralbad im Alltag unserer Vorväter war, zeigt eine Unzahl vergessener Redewendungen, die mit dem Begriff «Bad» jonglieren, seine Alltagswirklichkeit ins Allgemeine wenden.

Redensartlich schon immer eng verknüpft waren Begriffe wie «Geld» und «Bad». *Du hast kein Geld ins Bad* (Du kannst dir nichts leisten) deutet darauf hin, daß die ersehnte Frühlings- oder Herbstkur mit einigen Kosten verbunden war. Um Badezuber und Bassin ranken sich eine Unzahl ironisch-aggressiver Formulierungen wie *Ich will dir das Bad übertun.* Das läßt nicht viel Gutes ahnen; tatsächlich meinte man damit: Ich will dir (womöglich) für einen schlimmen Ausgang der Sache sorgen. Kaum viel verheißungsvoller tönt *Jemandem ins Bad klopfen,* und tatsächlich wartet der Gelehrte denn auch mit der Übersetzung *miscere alicui malum* auf: Jemandem alles Schlechte gönnen.

Die spezifischen Handlungen rund um das Bad – heizen, spritzen, ein- und ausschütten, untertauchen, waschen und bürsten – reizen natürlich zu metaphorischer Anwendung. *Jemanden zu heiss baden* oder *Jemandem das Bad segnen* tönen wiederum recht bedrohlich – und so sind beide Idiome auch gemeint. Kaum finden die angenehmen Begleiterscheinungen der populären Prozedur je ihren redensartlichen Niederschlag. Wer *jemanden ins Bad setzt,* zeigt leider keine menschenfreundlichen Absichten, sondern setzt den anderen resolut in die Tinte. Nur im Ausdruck *Jemanden aus dem Bade ziehen* schwingt christliche Nächstenliebe mit: Wer das tut, hilft dem anderen aus der Verlegenheit. Selbst ist der Mann: Wer sich *trocken aus dem Bad zieht,* ist noch einmal ungeschoren davongekommen. *Er trägt mir das Bad aus* erinnert zwar an die Handreichung des Wegschüttens, heißt aber soviel wie: Für jemanden die Suppe auslöffeln.

Tröstlich, daß ein paar Redensarten auf hübsche Weise Wetter und Bad in Verbindung bringen. Scherzhaft sprach man früher von der *Krähe, die ins Bad ruft:* Der ominöse Vogel verkündete dann nasses Wetter. Selbst der Nebel zeigte sich zu Metaphern aufgelegt. Wenn *der Nebel ins Bad geht* – sich also auf die Wasseroberfläche von See oder Fluß legt –, schließt unser Vorfahre auf regnerisches Wetter.

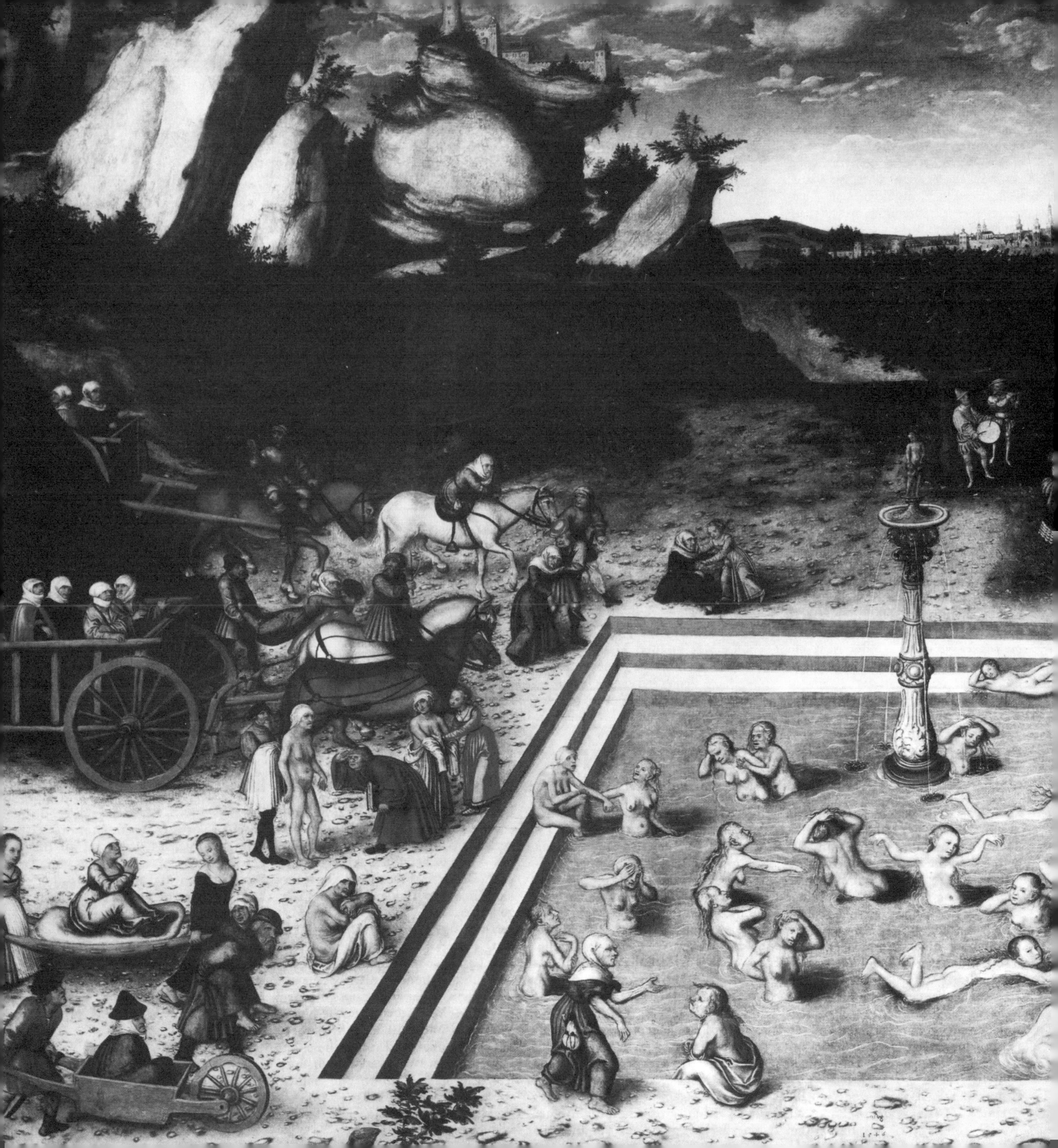

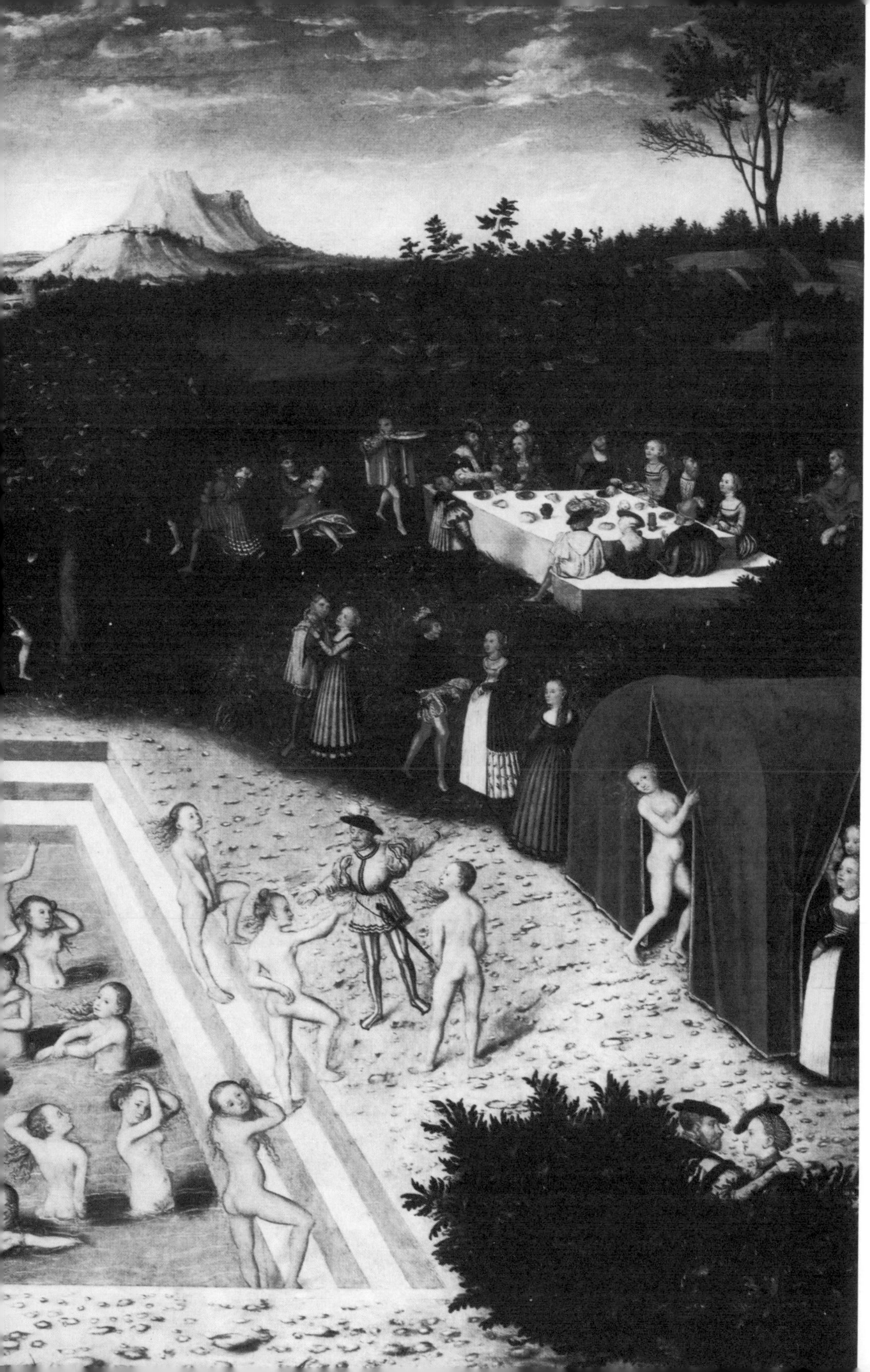

Von Quellen und Quacksalbern: Die Bädermedizin

Vorhergehende Doppelseite: *Lukas Cranach d. Ä.: Jungbrunnen, 1544.*

Stufen der Erkenntnis: Aufstieg zur Weissenburger Quelle, um 1800

Gegenüberliegende Seite: *Astrologischer Mensch; aus den «Très riches heures» des Duc de Berry, 1413.*

Erst im 18. Jahrhundert löst eine empirisch-experimentelle medizinische Wissenschaft die spekulative Medizin des Mittelalters ab. Freilich – *eine* therapeutische Maßnahme hat sich über alle Epochen hinweg erhalten: der Gebrauch der mineralisierten Wasser zu Heilzwecken. Alles andere wirft die moderne Medizin über Bord: die Viersäftelehre, die alchemistisch inspirierte Entsprechungslehre, Aderlaß und Purgation als Allerwelts-Therapie. Nur weiß man auch im 18. Jahrhundert nicht zu sagen, warum diese geheimnisvollen Quellwasser nun eigentlich heilen. Daß psychosomatische Kriterien mit im Spiel sind, erkannten schon die Ärzte der angehenden Neuzeit – der ersten Blütezeit der Bädermedizin. Der Koblenzer Arzt Johannes Dryander schreibt 1535:
Wer nit freüdig im bade ist / soll nit vil nutzes bekommen. So thut die alteratio aeris / das ist / das man in ein andere luft kompt / vilmals grossen nutzen an den kranken.
In «eine andere Luft» kam der Badgast von damals allemal – und dies in mannigfacher Beziehung.

Temperamente, Säfte, Mineralien
Zur Zeit Dryanders begann man, sich durch anatomische und chemische Beobachtungen eine solide empirische Grundlage zu schaffen. Trotzdem ordnete man noch alle Erkenntnisse einer naturphilosophischen Idee unter, die Zusammenhänge zwischen Mensch und Kosmos, Erde und Himmel schuf. Wasser und Firmament hingen zusammen: *auss dem subtilsten und reinsten theil des Wassers ausgedehnet und gleichsam ausgewelbet worden ist der himel* beteuert Matthias Sommer (1580). Seine Elementenlehre stellt Feuer, Wasser, Luft und Erde neben Hitze, Kälte, Trockenheit und Feuchtigkeit, ergänzt dieses Schema mit Krankheits-Grundtypen und ordnet allem die menschlichen Säfte, Temperamente und Organe zu. So entsprach dem Wasser (kalt und feucht) das phlegmatische Temperament, der Körpersaft Schleim und das Organ Gehirn.

Natürlich haben in diesen alchemistisch inspirierten Vorstellungen vom Werden aller Dinge auch die Metalle und Mineralien ihren festen Platz. So ist Schwefel ein rohes, «ungedautes» Element, Alaun eine irdisch-grobe Substanz und Salz «irdisches Corpus» von verbrannter Materie. Sie alle trifft man in den thermischen Wassern an; ihre – fiktiven – Eigenschaften werden in die humoral-pathologi-

49

Baderbüchlin.
Sechs köstliche Tractat, armen vnd reychen, nutzlich vnd notwendig, von wasserbädern. Woher die selbige warm, vnd andere wasser kalt, vnnd auß was vrsach sy sollicher gewaltiger krafften, das ihr vrsprüg mit wachsender arth auß der erdtgloblel, gleich wie die kreuter vnnd böwme von jhrem samen, mit schönem bericht, wie menniglich jhrs brauchs sich behelffen mag. Welchen kreuteren besunderbare bäder zuuergleiche. Was kranckheiten ein yeglichs angreiffe. Vorhin von niemands, mit sollichem fleyß vnnd herrlichen grundt, vnderricht vnnd mit nutzbarkeit an tag gegeben worden. Dann hierin steckt der edel wasserschatz, die rechte Idromancia, beschriben.

Durch den hocherfarnen Herren Theophrastum Paracelsum.

Mit fleyß vnd müe, Doctor Adams von Bodenstein, zu einem guten neuwen jar publicirt.

Sum Jacobi Rytery

* Ἀνήρ γαρ ανήρ. *

Gedruckt zu Mülhausen, im oberen Elsaß, durch Peter Schmid. 1562.

---

schen Krankheitsbilder mit eingebaut und zur Heilung herangezogen.

So kann eine thermische Quelle «hitzige» und «kältende» Mineralien vermischen, kann aber auch Spuren von Marmor, von Edelsteinen, Berggrün, Rost oder Lasur enthalten. Der Chronist Johannes Stumpf weiß über die Pfäferser Quelle gar zu berichten: *es wirt geachtet das es* (das Wasser) *ab einem goldertz fliesset.*

Eins muß man der Wissenschaft der beginnenden Neuzeit lassen: Sie versucht, alle erdenklichen Beobachtungen in ihre Lehre mit einzubauen. So wird auch die Volksmedizin zur Erklärung der Wunderbrunnen herangezogen. Einzeldarstellungen beschreiben nicht nur die Quelle, sondern setzen ihre Wasser auch in Beziehung zu seltenen Steinen, Tieren und Kräutern der Gegend. Paracelsus etwa postuliert für die umliegenden Bodenschichten des Bades Plombières oder Plummers eine spezifische «Fäule», die ihre Kraft an das durchfließende Wasser abgibt: *Ist ein feule die da zusammen gesamlet wirt auss mancherley dingen... die selbig feule hat die art gleich einem misthauffen / der kalt ausgeschütt wirt / und alsdann durch feule ein hitz empfacht / in solcher form und gestalt nimpt das Plumbers seyn ursprung.*

Bereichert so der «Misthaufen» Erde die Quellwasser, so richtet der Regen entschieden Schaden an. Die Regenwasser *leschen ab der wiltbeder tugent* – dies beteuert jedenfalls der uns bereits bekannte Badener Chronist Alexander Sytz. Der Trank, der die wertvollen Mineralien in den inneren Organen absetzt, das Quellbassin, das durch die Epidermis wirkt – beide dürfen nicht durch gewöhnliches Wasser verdorben werden, das die Heilstoffe wieder herauswaschen könnte. Der Paracelsus-Schüler Tabernaemontanus, der 1584 in seinem «New Wasserschatz» eine gigantische Bestandesaufnahme aller bekannten Mineralquellen liefert, stellt das Heilwasser als eigentlichen Kommunikationsträger zwischen dem Kosmos des Erdinnern und der Menschheit dar. Sein Nachfolger Mathias Geiger stellt in seiner «Fontographie» (1636) einen regelrechten Atlas der unter- und oberirdischen Flußläufe zusammen: Die Quellen bilden ein Gegenüber zu den klimatragenden Schichten der Atmosphäre, eine wäßrige Gegenwelt unter unseren Füßen. Freilich wirkt auch sie mit allen anderen bekannten Kräften zusammen: Im Weltbild der beginnenden Neuzeit herrschen ja überall geheime Entsprechungen zwischen Erde, Mensch und Kosmos. Die Sternbilder beeinflussen die verborgenen Wasser ebensosehr wie die Körperorgane des Menschen; einander zugeordnet sind Körpersäfte, Mineralien, Temperamente, Sternzeichen und Krankheiten. Dem Schwefel im Quellwasser Badens entsprechen laut Leonhard Thurneisser etwa Steinbrech oder Beifuß als heilendes Kraut, Gebärmutterbeschwerden als Krankheit und der «brennende» Mars als Planet.

Elementen, Körpersäften und Temperamenten entsprachen wiederum verschiedene Jahreszeiten: Auch hier mußte sich der Bädergast in Acht nehmen. Als Badezeit weist Sytz dem Melancholiker den Frühling zu, während der Sanguiniker gut daran tut, seine Badenfahrt in den Herbst zu verlegen. Das Baden im Winter will Sytz einzig dem *colerico, als dem schwartzen oder brunen dürren man, mit krusem har* vorbehalten wissen. Solche Astro-Medizin hat besonders auf Saturn achtzugeben, dem die Galle als Organ untersteht: Manche Mediziner verbieten das Kurbad ausdrücklich für jedes Schaltjahr – auch hier schwingt Saturn das Zepter, und die Kombination beider Einflüsse hat verheerende Wirkung auf die Galle.

Auch Paracelsus, der während mehrerer Jahre als Badearzt in Pfäfers über Quellen, Kräuter und Planeten sinniert, unterwirft die heilenden Wasser dem Jahreszeiten-Zyklus und dem Einfluß der Gestirne: *Also wachsend mit dem sumer sine geordnete konstellation, krüter und anders, sterbent auch also mit im ab, also merken auch von dem bad Pfefers, das sin verjüngung angat im frühling und terminiert sich im winter, wachst mit den krütern, stirbt mit inen. und wie die krüter gezwungen werdent vom ufgang der sunnen, das si us der erden wachsen müssent, also wirt auch gezwungen in der potenz und operation der sunnen, dass das bad Pfefers auch herfür muss und sich erzeigen neben den irdischen gewechsen.*

Der Destillationsprozeß, der erlaubt, die im Wasser enthaltenen Mineralien zu analysieren, wird erst im 16. Jahrhundert wieder entdeckt. Auch dann noch durchsetzen mystische Vorstellungen die wissenschaftlichen Erkenntnisse; der Berg birgt geheimnisvolle Stoffe wie Bergwachs und Gold, Alaun und Gips, Bergfeuer und Pech, die allesamt ins Elementen- und Mineraliensystem eingeordnet werden. Jeder dieser Stoffe hat eine *sonderliche verborgene eigenschafft, eine... besondere krafft des himels, zu einem krauten oder dinge mehr dan eim anderen verordnet,* wie Dryander (1525) behauptet. Es gilt, zwischen den «corporalischen» und den «spiritualischen» Aspekten dieser Stoffe zu unterscheiden; je nach ihrem Anteil vermag das Quellwasser die Körpersäfte zu «temperieren» oder sie von schädlichen Beimischungen zu «purgieren». Dazu hilft, wie gesagt, ein kosmisches Kräftesystem, das einzelne Wasserläufe, sogar die Umgebung richtiggehend «heiligt» – noch im 18. Jahrhundert postuliert der Zürcher Forscher Johann Jakob Scheuchzer für das Bad bei Äugst eine «terra virginalis», eine jungfräuliche Erde, welche dem Wasser ihren Segen abgibt. Kein Wunder, daß einzelne Quellen nach geraumer Zeit ihre Kraft «verlieren», oftmals sogar nach wenigen Jahren: Das kapriziöse Zusammenspiel aller Kräfte ist leicht aus dem Gleichgewicht zu bringen.

Gegenüberliegende Seite: *Die Wissenschaft von Wassern, Kräutern und Himmelszeichen; Titelblatt von Paracelsus «Baderbüchlin», 1562.*
Oben: *Seite aus Alexander Sytz' «Art und Ursprung menschlichen Wesens», 1576.*
Links: *Pfäfers und Umgebung aus der Vogelschau, 1723 (Ausschnitt).*

Indikationen und «richtiger» Kurort

Natürlich birgt dieses felsenfeste Vertrauen in kosmologische Zusammenhänge – und der damit verbundene Verzicht auf empirische Beobachtung – handfeste Gefahren. Die vermeintlich gebändigte Quelle richtet statt Nutzen vielfach Schaden an, bringt Krankheit statt Genesung. Der Badeausschlag, von dem noch zu erzählen sein wird, die extrem langen Badezeiten, die Trink- und Eßgebräuche während der Kur, das ausschweifende Aderlassen und Schröpfen – sie alle führen nach Meinung heutiger Ärzte vielfach zu irreparablen Haut-, Nerven-, Nieren- und Magenschädigungen, zu Blutarmut und Infektionen.

Die komplizierten humoralpathologisch-mineralogischen Zusammenhänge führten zu einer ebenso komplizierten Indikationenliste für die einzelnen Bäder. Wohin ging man wegen der Gicht, wohin wegen quälenden Kopfwehs? Eigentliche Bäder-Guides des 16. und 17. Jahrhunderts stellen detaillierte Listen der erschlossenen Quellen und ihres Angebots auf, oft in einer merkwürdigen Mischung aus Mystik und Kommerz. Noch um 1750 machen die helvetischen Landbäder mit eigentlichen Prospekten Werbung, in denen eine eindrückliche Liste zufriedener Kunden zusammen mit einer kurzgefaßten Krankheitsgeschichte einem frommen Dank an die Kraft der Vorsehung unterstellt wird, die der betreffenden Gegend diese heilsamen Wasser beschert habe. Der Kurgast des 16. Jahrhunderts orientiert sich oft an den äußerst populären Chroniken, die immer auch die verschiedenen Heilquellen mit berücksichtigen. So konnte der Eidgenosse der Reformationszeit bei Johannes Stumpf etwa über das Wichlenbad bei Elm nachlesen: *Etlichen soll es die verfinsterten augen wider umb erleuchtet haben. Etlich alt leüt haben das gehör verloren / sind daryn gegangen / und habend das wider erholet.* Für innere Erkrankungen schlug er das

Links: *Dusche und Destillationsapparat, um 1800.*

Rechts: *Bäderpropaganda um 1720.*

Nächste Doppelseite, links: *Badener Dampfbad um 1800; Aquatinta von Franz Hegi;*
rechts: *Schröpfen im Freibad; Tuschezeichnung um 1750 (Ausschnitt).*

54

aargauische Baden vor: *Es hilft dem schwachen erkalteten magen / reiniget das gehirn / fürderet das gehör / milderet die weetagen des haupts / ist nütz der lungken und läberen / krefftiget die rugken.*

So wundersam die Natur mit ihrem Zusammenspiel verschiedener Einflüsse wirkte – für den Mediziner des 16. Jahrhunderts galt es, die einzelnen Kräfte des Wassers in den Griff zu bekommen, sie auf gezielte Weise freizusetzen. Die Wasser-Theorien mit ihrer Unterscheidung von «spiritualen» und «corporalen» Anteilen legten vor allem eine Maßnahme nahe: Das Mineral-Dampfbad. Badearzt Thurneisser (1612) argumentiert wie folgt: Der Mensch absorbiere die geheimnisvollen Quellstoffe, indem sie *der lyb durch sin schweisslöcher an sich ziehet.* Das sei aber nicht durchgehend möglich, denn der Mensch sei *von Haut, fleisch, geäder und Bein zusammen gesetzt und dermassen verwart, dass solche Minerale nicht hinein mügen dringen.* So sucht er die Durchdringung durch Verdampfen zu fördern, gebraucht auch den dabei entstehenden Bodensatz, der als «Letten» oder «Lehm» auf die erkrankten Glieder gestrichen wird – ein Vorläufer der heutigen Packungen. Erfahrungen mit Dampfbädern hat man um diese Zeit schon in den öffentlichen Badestuben gesammelt, die das Dampfbad seit dem frühen Mittelalter kennen. Dryanders «Arzneispiegel» (1547) zeigt aufwendige Apparaturen, mit denen sich Kräuter-Dampfbäder auf einzelne Gliedmaßen konzentrieren ließen; sein Kollege Pictorius (1560) führt so exotische Badezusätze wie Baumöl, Wein oder den Absud eines ganzen Dachses oder Fuchses auf; unser Basler Arzt Pantaleon (1562) empfahl für Lungensüchtige Wasser- und Dampfbäder, *so ab Kalbsköpfen und füssen gesotten.*

Als weitere Variable dieses verzwickten Gesundheitspuzzle ließ sich das Blut einsetzen. Die Mediziner fanden auch hier geheimnisvolle Entsprechungen zwischen dem Kreislauf des menschlichen Blutes einerseits und dem Kreislauf der thermischen Wasser andererseits, wobei als *tertium comparationis* das Aufsteigen der Pflanzensäfte im Frühjahr diente. So wie die zentrale Lebenskraft von der Natur *von dem innersten theil herauss / in die äst / blätter und Frucht... gedrungen werde,* meint Thurneisser, so *treibe und stercke* die gleiche Lebenskraft auch das Blut und das *immerwerend fürfliessend wasser.* Alle drei würden sie dem Einfluß der Gestirne unterliegen; dieser wiederum ließe sich beim Menschen durch die Entnahme von Blut regulieren.

Von der Allzweck-Therapie des Schröpfens und Aderlassens also! Wohl keine andere medizinische Maßnahme hat sich so unbeschadet durch die Jahrhunderte retten können. Von der künstlichen Blutentnahme versprach man sich unter anderem eine Entlastung des Kreislaufs. Das hing eng mit der Viersäfte-Theorie zusammen: Das Blut als wichtigster Körpersaft «transportierte» auch die Krankheit. Entnahm man es dem Körper, so zwang man ihn, neues Blut zu bilden. Von diesem nahm man an, es sei gesund – der Körper hatte also einen Teil der Krankheit «abgegeben».

«Voll Hörnlein wie ein Igel»: Das Schröpfen

Ob Wildbad oder öffentliche Badestube – zum Baden gehörte das Schröpfen wie der Wein zum Braten. Ein Bader, der diese Dienstleistung nicht anbot, brauchte die Türe gar nicht erst aufzuschließen. In den meisten Fällen berechtigte der Eintrittspreis für die städtische Badstube auch gleich zum Schröpfen: So bezahlte im Jahre 1604 ein Zürcher bei einem Badstubenbesuch einen halben Batzen und hatte dafür zehn «Hörnli» zugute; jedes weitere kostete ihn einen Heller. In Freibädern wie dem Verenabad machte das Schröpfen den Hauptverdienst für das dortige Personal aus; seit 1339 besaßen die dortigen Beamten das Schröpfrecht. Schröpf-«Hörnli» oder -köpfe waren meist aus Glas, seltener aus Horn oder Messing. Erst verdünnte der Badknecht die Luft im Horn durch Erwärmen über einer Flamme. Auf die Rückenhaut angesetzt, zog dieses Gefäß in kurzer Zeit eine Blutbeule, die mit Rasiermesser oder Schnepper aufgeschnitten wurde: Innert weniger Minuten füllte sich das Glas mit dem edlen Lebenssaft. Versteht sich, daß beim Abnehmen der «Hörnli» mancher Blutstropfen ins Badewasser fiel – der französische Philosoph Michel de Montaigne, der 1580 in Baden einsprach, ekelte sich weidlich vor dem rotgefärbten Quellwasser. Vier Jahre vor ihm hatte schon Pantaleon den gleichen unappetitlichen Anblick angeprangert: Das Badwasser sei *dermassen geferbet, als wann man in dem blute bade*. Als einer der ersten zeitgenössischen Ärzte warnte er vor dem beliebten Allzweck-Therapeutikum, das zu Blutarmut führe: *Hie ist sich hoch zu verwundern, das man das schräpffen dermassen missbraucht, dann es will jedermann schräpffen, und vermeinen mehrtheils, sie haben nit gebadet wann sie nit voll hörnlin als ein Igel hangend.*

Mitunter setzte man die so beliebten Saugglocken – die auch Laß- oder Baderkopf, Ventuse oder Vintuse hießen – auf harmlosere Art ein, nämlich ohne «Hauen und Bicken». Beim Trocken- oder Blindschröpfen diente die Schröpfglocke nur dazu, eine Blutbeule zu ziehen, Was man sich von dieser versprach, geht aus der Literatur nirgends so recht hervor – einige Ärzte wollen damit das Blut verdünnt haben, andere empfehlen sowohl das trockene wie das blutige Schröpfen für Patienten, die ihr Gesicht «lauter» machen wollten, also unter Akne litten. Kinder und Jugendliche wollten viele Ärzte freilich von der Ventouse verschont wissen. Der Badearzt Guarinonius wettert: *Die Kinder die treiben kein Mutwillen mit Uberfressen und Ubersauffen, noch mit anderer Unzucht, so ist nit billig, dass sie ihr unschuldiges blut... vergiessen sollen.*

Ging man aber mit «Hauen und Bicken» vor, so gebrauchte man dazu ein Rasiermesser oder den professionelleren Schröpfschnepper – eine Apparatur mit Räderwerk und einer kleinen Schneide; das Ganze in ein Holzkästchen verpackt. Dieses setzte man auf die Haut, drückte auf ein Knöpfchen und erhielt recht schmerzlos eine kleine Wunde. Daneben

«Voll Hörnlein wie ein Igel»: Schröpfszenen, in einer deutschen Badestube um 1700 (gegenüberliegende Seite, links); aus David Hess' «Badenfahrt» (gegenüberliegende Seite, rechts; Ausschnitt); im Herrenbad zu Aachen, um 1750 (oben).

gab es noch das Schröpfeisen, eine Lanzette mit runder Schneide, welche die Zürcher Bader noch im 19. Jahrhundert in ihrem Siegel führten, zusammen mit dem Rasiermesser.

Nun hing freilich viel davon ab, ob ein Patient «subtiles» Blut hatte oder vielmehr von «grobem gepliet» war. Für die letzteren bildete das Bad die einzige Gelegenheit, ihren verdickten Lebenssaft loszuwerden. Erst durch die Hitze der Thermalquelle oder der Badstube kam dieser träge Saft in Bewegung. Der Mediziner riet dickblütigen Leuten sogar nachdrücklich zum Schröpfen im Bade; eine Schröpfkur bei gewöhnlicher Temperatur würde nur zu einem «verlurst» des subtilen Blutes führen, von dem sie ohnehin zu wenig hätten.

Nun mußte der geplagte Badknecht aber auch noch die Jahreszeiten, den Lauf der Gestirne und das Temperament seines Patienten im Auge behalten. Die *im Calender befindenden Erwehlungs-Tag* nahmen zum Beispiel Rücksicht auf die Mondphasen. Während des ersten Viertels durfte man nur jungen Leuten sanguinischer Natur das Blut abzapfen; im zweiten Viertel *sollen die jenigen / welche mannliches alter erreicht / und Cholerischer / trockener und hitziger natur seind Schräpffen und Aderlassen* – so der Basler «Hinkende Bott» von 1678. Die mit kalter und feuchter *complexion* geplagten Patienten – die Phlegmatiker also – wählten vorzugsweise die erste abnehmende Phase; das letzte Mondviertel schließlich war den Melancholikern vorbehalten.

Herrschten die Sternbilder Widder oder Schütze, so nützte das Schröpfen am ehesten gegen Zahnweh. Selbst die Purgation unterwarf sich astrologischen Zwängen – der abnehmende Mond, im Verband mit dem Sternbild Skorpion *treibt durch den Stuhlgang.* Nun hieß es freilich auch, für das Ansetzen der Ventousen den richtigen Platz der jeweiligen Krankheit zuzuordnen. Ein Schröpfhorn zuoberst am Scheitel angesetzt heilte Schwindel und Augenbeschwerden; auf der Stirne benahm es Kopfweh – aber nur dasjenige der hinteren Kopfgegend. Schröpfhörner zwischen Hals und Schultern aber halfen schläfrigen Patienten: Sie öffneten die *Augen so schwärlichen aufgehen* und vertrieben ungeliebten Mundgeruch. Auffallend viele Anwendungsarten gelten Hautschäden aller Art. Ausschläge, Akne und Schorf, durch einseitige Ernährung und mangelnde Wohnhygiene begünstigt, wurden ebenfalls der «Eindikkung» des Blutes und dem ungünstigen Verhältnis der Körpersäfte zugeschrieben. «Hitzigen» Hautentzündungen kam man mit Schröpfen unter der Kniebeuge bei, aber: *Schräpffhörnlein hinden an die schenkel gesetzt / dienen der geschwulst und Aisen der Arssbacken.*

«Schaumiges» und «wäßriges» Blut: Der Aderlaß

Ja nicht verwechseln: Schröpfen und Aderlaß. Auch letztere Dienstleistung war im Bad für billiges Geld zu bekommen. Nur entnahm man ungleich viel mehr Blut als mit der Ventouse: meist eine Schüssel voll, was einen halben, bisweilen aber auch einen ganzen Liter bedeuten konnte. Dafür ließ der Gesunde diese Prozedur auch nur viermal im Jahr vornehmen. Sie war recht einfach: Eine um den Oberarm gelegte Binde staute das Blut; sobald die Vene hervortrat, wurde sie angeschnitten. Bisweilen zapfte man auch andere Gliedmaßen an – graphische Darstellungen in Form eines Aderlaßmännchens gaben dabei über den günstigsten Zeitpunkt und die günstigste Relation Krankheit–Jahreszeit–Körperteil Auskunft.

Ein anonymer Druck aus dem 15. Jahrhundert empfiehlt, wenigstens alle Monate einmal zum Schröpfkopf zu greifen. Für die Besucher des Verenabades gehörte die Prozedur freilich zum Weekend-Vergnügen wie Tanz und Zechfreuden, die man

Für jede Krankheit die richtige Stelle: Schröpfmann mit Strohhut und Laubwedel; Holzschnitt aus Pictorius' «Lassbüchlein», 1555.

sich keinen Samstag entgehen ließ. Auch der Augsburger Großkaufmann Lukas Rem – ein etwas hypochondrisch veranlagter Pfäferser Gast, von dem noch einigemale die Rede sein wird – hielt auf regelmäßige Termine: 1530 etwa vermerkt er in einem Kur-Tagebuch sowohl für den 24. wie den 31. März, er habe *gebatt im Schwais und kopflet* – also den Schröpfkopf gebraucht.

Gewissenhafte Bader und Ärzte gossen das abgezapfte Blut freilich nicht einfach weg – seine Qualität gab wichtige Hinweise über die Beschwerden des jeweiligen Patienten. Geprüft wurde es auf Farbe und Konsistenz – man unterschied zwischen «schaumigem», «hartem» und «wäßrigem» Blut und untersuchte etwaige Oberflächenformen, die der edle Saft zeigte, nachdem er sich einige Minuten gesetzt hatte. Den *Zustand des Leibes / auss dem Geblüt zu erkundigen* setzte ein scharfes Auge (und einen guten Schuß Fantasie) voraus. Der «Hinkende Bott» liefert uns auch hier einen ausführlichen Ratgeber.

Am harmlosesten war noch «rotes und schaumiges» Blut: Das bedeutete bloß, daß ein Überfluß an Lebenssaft drohte. *Roht Blut mit einem schwartzen Ring* ließ auf Kopfweh schließen, während schwarzes Blut, unter dem sich Wasser zeigte, von Wassersucht kündete. Schwamm allerdings auf schwarzem Blut das ungute Wasser obenauf, so litt der Patient an Fieber.

Der gefürchtete «Ring» – eben die beschriebene Oberflächenstruktur – stellte sich auch bei schwarzem Blut ein; in diesem Fall klagte der Besitzer sicher über Gicht oder das «Zipperlein». *Schwartz und schaumig oder eitrig Geblüt* bedeutete *böse Feuchtigkeit / und kalte Melancholische Flüsse.* Für einmal erscheint das vielzitierte «blaue Blut» ohne alle redensartliche Konsequenz: Zeigte sich diese Farbe in der Baderschüssel, wurden Milzschäden diagnostiziert, während die Farbe Grün auf Herzbeschwerden und eine «hitzige» Galle schließen ließ.

Nicht genug: Auch gelbes Blut wurde dem verstörten Patienten unter die Nase gehalten. Das bedeutete *wehe an der leber / oder ausstossung.* Daß auch «wäßriges Geblüt» oder gar «dickes, hartes und zähes» Blut nicht zu Freudensprüngen beflügelte, wird wohl niemanden verwundern. Das erstere ließ auf eine schwache Leber oder auf Alkoholmißbrauch schließen – daß nämlich *der Magen mit Tranck beschwert* sei. Sinnigerweise kündete «hartes» Blut von Verstopfung und damit einhergehender Melancholie.

Der allgemeine Enthusiasmus für die blutige Therapie ließ freilich nach, als zur Zeit der oberitalienischen Kriege die Syphilis nach Norden vordrang. In den Bädern fürchtete man die unheimlichen «Franzosen», die vor allem durch Schröpfköpfe und Aderlaßmesser übertragen wurden, wie die Pest. Schon 1495 hatten rund 3000 Eidgenossen, die im Dienste von Karl VIII. Neapel belagerten, das unliebsame Souvenir in die grünen helvetischen Bergtäler zurückgebracht. Bereits ein Jahr später verbot die eidgenössische Tagsatzung allen Infizierten den Besuch von Kirchen, Wirtshäusern und öffentlichen Bädern.

Für die Besitzer der öffentlichen Badestuben brachte *le mal de Naples*, zusammen mit den steigenden Holzpreisen, schwerwiegende Umsatzverluste. In den Mineralbädern jedoch nahm der Besucherstrom keineswegs ab – und dies, obwohl die hygienischen Voraussetzungen genauso ungünstig waren. Denn das «Aufbrechen» der Haut (von dem gleich die Rede sein wird), die leicht zu infizierenden Schröpf- und Aderlaßwunden – dies alles ergab geradezu ideale Voraussetzungen für eine Übertragung infektiöser Krankheiten im Heilbassin. Aber die Ärzte der Reformationszeit gingen leichtfüßig über dergleichen Bedenken hinweg. Für sie spricht zum Beispiel Leucippaeus (1598), der eine Infektionsgefahr rundweg bestreitet: Im Wasser der Heilquellen säße man *als in einer kirchen zusammen.* Krankheitskeime würden sogleich abgetötet, *dieweyl des wassers natur nichts unreines annimmt.* Es dauerte bis zum Jahr 1702, daß ein Arzt die Gefahren solch optimistischer Selbsttäuschung erkannte: Dannzumal machte der Zürcher Mediziner Salomon Hottinger auf die Infektionsgefahr beim Einsitzen im Gemeinschaftsbassins und beim Trinken aus Gemeinschaftsbechern aufmerksam.

Obristen «Kratz» und «Fresser»:
Der Bade-Ausschlag
Die Rede geht vom «Aufbrechen» der Haut – vom Bade-Ausschlag, der, so unappetitlich er wirkte, erstes Ziel des Kurbeflissenen war (und dies bis weit ins 19. Jahrhundert). Wenn der Gast 100 bis 150 Badestunden auf zwei bis drei Wochen verteilte, so wundert freilich niemanden, daß sich die Haut durch den steten chemischen und thermischen Reiz der mineralhaltigen Quelle entzündete. Sorgen machte man sich dabei nicht – im Gegenteil. Paracelsus und viele andere mit ihm sahen ohne Ausschlag kein rechtes Gelingen der Kur. Für den Pfäferser Badearzt reichten die Poren als Austrittsstelle für die «Krankheitsmaterie» nicht aus: *Dieweyl söliche Materia in leib verschlossen durch die schweisslöcher nit mag ussgan, so muess die hut hinweg...* 1584 erklärt auch der Würzburger Mediziner Marius, ohne Aufbrechen der Haut begebe sich der Kurgast in eigentliche Lebensgefahr. Verhindere man den Ausschlag, so *erfolget wie ein Aussatz und QuartanFeber, auch lezlich sterben.* Das unablässige Jucken gilt ihm zudem als Kontroll-Instanz: An ihm erkenne man, *ob die materia zwischen hut und flaisch gezogen.* Der Volksmund unterschied zwischen dem «Obrist Fresser» und dem «Obrist Kratz». Die Namen markieren zwei verschiedene Ausschlagstadien. Eine erste

Phase läßt die Haut wie Nesseln und Feuer brennen; löst der «Obrist Kratz» seinen Vorgänger ab, so mildert sich das Brennen, dafür verstärkt sich das Jucken und zwingt zu stetigem Kratzen. Ein Jesuit, der 1642 in Pfäfers badete, notiert gerötete und sich schälende Haut, anschwellende Extremitäten und Fieberfrösteln. Viele Patienten verloren über der Entzündung ihren Schlaf – nur im Wasser spürten sie das unablässige Jucken nicht. Für unbemittelte Gäste bedeutete das «Aufbrechen» zwei Fliegen auf einen Schlag: Wer Tag und Nacht badete, sparte Hotelkosten, beschleunigte den Ausschlag und damit die Heilung und brachte so die hundert Badestunden, die als Minimaldauer galten, in einer knappen Woche hinter sich. Vom «Ausbaden» des Ausschlags konnte hier freilich keine Rede mehr sein. Wer es sich nämlich leisten konnte, wechselte für die zweite Kurphase in ein kälteres Bad über – etwa von Bad Pfäfers nach Nieder-Urnerbad am Walensee. Auch in Leuk stand fürs Ausbaden der Entzündung ein besonderes Bassin zur Verfügung – ein Brunnen, der nach gar nichts schmeckte, also kaum Mineralien enthielt, die Haut schnell wieder herstellte und deshalb «Heilbrunnen» genannt wurde.

Enttäuschte Badegäste mußten oft abreisen, ohne einen Ausschlag erzielt zu haben – dieser stellte sich dann mitunter in den ersten Tagen zuhause ein; besonders, wenn jemand die Kur im trauten Heim mit Wasserbädern fortsetzte. Viele ärztliche Leitfäden des 16. und 17. Jahrhunderts warnen vor solcher Do-It-Yourself-Kur und verbieten Süßwasserbäder auf Wochen hinaus. Leucippaeus rät seinen Lesern gar, ein halbes Jahr lang nach der Rückkehr vom Wildbad keine Wannenbäder mehr zu nehmen – laue Waschungen muß er ihnen aus einleuchtenden Gründen immerhin zugestehen.

Die Marathon-Badenden, die ihre Kur im Schnellzugstempo absolvierten, linderten wohl die stete Plage des Obrist Kratz, setzten sich dafür aber anderen Gefahren aus. Wer im Bad aß, trank und schlief, hielt sich besser an die seichten Bassin-Stellen. Unglücksfälle im Schlaf werden aus praktisch allen Heilbädern des Alpenlandes gemeldet. So führen die Kirchenbücher von Bad Gastein über mehrere Jahrhunderte hinweg praktisch für jeden Monat Todesfälle von Badenden an, die mit dem Verweis *suffucatus in balneo* versehen sind. Der Pfäferser Chronist Johann Kolweck berichtet 1631, man habe hier Mühe, sowohl Arm als Reich zu bewegen, die gemütlichen Bassins zu verlassen – die Reichen verblieben *um Lust halber... Die Armen aber umb Willen ermanglender Herberg oder Proviant, oder damit sie die Zeit ersparen, unnd desto belder fertig werden*. Viele Gäste zeigten regelrechte Zeichen einer Sucht und ließen sich oft wochenlang nicht zum Aufsuchen eines Bettes bewegen: *Seytemalen das Bad Wasser die Krancken nicht anderst als der Magnet das Eysen an sich ziehet*. Andere wieder gerieten *auss unauffhörlichen Baden und zerbrochnen Schlaff, inn die Unsinnigkeyt, deren etliche nicht wenig, als die Nebensitzenden alle geschlaffen, gesuncken und ertruncken*.

Wie lange – wie viel?
Schon 1516 wetterte unser Badener Frauenliebling Alexander Sytz gegen diese Rekordsucht. Viele Patienten lägen *tag und nacht im bad, brechent inen ir natürlich schlaff und ruh, merglent sich selbs gantz crafftlos ab*. Solche Sitten seien lebensgefährlich. Um den Schlaf zu besiegen, täten die Gäste am besten daran, sich gegenseitig zu unterhalten und *etwas kurtzweilen mit fabelieren und dergleichen / damit den schlaf zu fürkommen / dann der schlaff zeucht die spiritus hinein / und das bad heraus*.

Um so bedenklicher wirkte sich solch übertriebene Standhaftigkeit aus, wenn der Alkohol die Stunden verkürzen half.

Gegenüberliegende Seite: *Bis zu einer Schüssel Blut – Aderlaß in einer Frauen-Badestube um 1500.*
Oben: *Brennen und Jucken als Heilungskontrolle: Frauen-Badestube nach Hans Sebald Beham (1500–1550; Ausschnitt).*

Manch weinmüder Kurgast ertrank unbemerkt im Bassin, oder aber er hielt sich zu lange im Bereich der Maximaltemperatur auf – so 1669 ein unglücklicher Besucher aus Reterschen, der in der Oberen Badstube in Winterthur *in einem wynrüschlin entnuckte* und dabei *so versotten... dass er noch selbigen Abend den Hinscheyd aus dieser Welt ergriffen.*

Überhaupt stand der Heilungssuchende ziemlich ratlos vor den widersprüchlichen Anweisungen der Ärzte über die Aufenthaltsdauer im Quellbad. Der Volksmund empfahl hundert Badestunden, wenn möglich auf drei Wochen verteilt, wobei auf- und absteigend gebadet werden sollte: von zwei täglichen Bassinstunden bis auf zehn und wieder zurück. Allerdings gab es hier Rekordbrecher wie den schon erwähnten Lukas Rem, der 1511 in Pfäfers 127 Stunden in 18 Tagen unterbrachte. Dabei steigerte er sich von anfänglich vier Tagesstunden auf deren elf empor, wobei der Ausschlag am neunten Tag eintrat. Zehn Jahre später gab sich Rem schon als Routinier und verteilte 177 Kurstunden auf knappe vier Wochen. Kräftige Dosen verschrieb 1676 auch der Pfäferser Badearzt: Er brummte seinen Patienten eine Anfangsphase von acht Stunden täglich auf, die schon bis zum vierten Tag auf deren zwölf gesteigert werden mußten. Seine Höchstdosis für Gebrechliche und Kinder: immerhin noch flotte neun Stunden. Erst im 19. Jahrhundert nahm die Wissenschaft Vernunft an. 1818 waren im aargauischen Baden ein bis anderthalb Bassinstunden an der Tagesordnung; in Ragaz empfahl man 1857 tägliche dreißig bis sechzig Minuten.

Baden, Trinken oder Duschen?

Auf- und Absteigen hieß die Devise auch bei der Trinkkur. Auch hier stand der Badgast ziemlich ratlos vor ärztlichen Anweisungen, die gleichzeitiges Baden und Trinken als glatten Selbstmord verdammten – so etwa Hans Sommer (1571), für den sich die beiden Therapien grundsätzlich ausschlossen. Das Trinken von Mineralwasser ziehe *die schlecht leibsmateri nach innen* und scheide sie von dort durch die Verdauungswege aus; das Baden aber treibe die «Krankheitsmaterie» von innen nach außen und spüle sie an der Epidermis weg; wer beide Möglichkeiten kombiniere, würde einen *stethen widerstreit* in seinem Körper veranstalten

Andere Mediziner wiederum plädierten dafür, das Wasser der einen Quelle nur zu trinken und die Badekur anderswo vorzunehmen. Der unerschrockene Zürcher Naturwissenschafter Conrad Gessner, in den 1560er Jahren mehrmals im Limmatstädtchen zu Gast, badete am Morgen und trank am Nachmittag, wobei er 1564 auf eine Rekordmenge von 22 Bechern täglich kam.

Eindrückliche Resultate erwartete man – ähnlich wie beim Ausschlagbaden – auch vom Trinken. Als erwünschte Krise galt hier ein aus Appetitlosigkeit, belegter Zunge, Magendrücken, Müdigkeit und Gemütsverstimmung eindrücklich zusammengesetztes Syndrom. Erst wer sich den Magen gründlich verdorben hatte, durfte die Anzahl der täglichen Becher reduzieren – eine Roßkur, die erst im 19. Jahrhundert an Popularität verlor.

Baden oder Trinken? Medizinische Schriften um 1500 berichteten fast ausschließlich vom Baden; rund 130 Jahre später war überall die Trinkkur in Mode gekommen. Natürlich ließ man sich auch von der Art des Quellwassers leiten: Schwefelwasser wurde vor allem getrunken; in eisenhaltigen Strudeln badete man.

Viel Scharfsinn verwendeten die Ärzte der angehenden Neuzeit auch auf die Dosierung der heilenden Wasser beim Duschen – eine damals sensationelle Neuerung, die unter dem Namen *stillicidium* aus Norditalien kam. Ein sanfter Strahl leitete das Wildwasser aus einer Höhe von etwa drei Schuh auf den Schei-

Baden oder Trinken? Bergbad nach einer Federzeichnung des Thurgauers Peter Flötner (1490–1546; Ausschnitt).

tel des Heilungsbeflissenen, wobei man vielfach darauf achtete, bestimmte Schädelstellen zu bearbeiten. Der Tübinger Arzt Johann Mechinger (1513) schlägt vor, das Wasser solle *fallen uffs haubt vornen da es offen ist, als man das an iungen kindern sehen kann, da tringt es durch yn.* Auch Sytz notiert, für Schlaganfallgefährdete Patienten solle ein Fäßlein mit Quellwasser gefüllt werden, *unden mit einem zäpfflein wie ein giessfässlin / das lauffen lassen ungefehrlich drey schuch hoch / vornen auff das haupt da die hirnschale offen steht* – ein Rezept, das vielen seiner Kollegen wiederum geradezu gemeingefährlich scheint: Kollege Leucippaeus hält schon eine Fallhöhe der Dusche von einem halben Meter für äußerst schädlich; Kollege Laurentius Phries (1519) sieht unerträgliche Kopfschmerzen als Folge solcher Prozedur, und Conrad Gessner, der offenbar alles einmal ausprobieren will, wandelt die Dusche auf seine Art ab: Er legt einen Schwamm auf den Scheitel und läßt das Quellwasser draufgießen, die Härte des Falles dergestalt mildernd.

«Streit im Leib»:
Essen und Trinken im Bad

In einem Punkt freilich waren sich alle Ärzte einig: Wenn das Thema «Essen und Trinken im Bad» aufs Tapet' kam. Vom äußerst populären Schmausen und Zechen im Badewasser hielten sie wenig. Phries wie Sytz rieten dem Patienten, vor Antritt des Bades etwa eine Schnitte Brotes, in leichten Wein getunkt, zu verzehren, hinterher ein Abendessen mit leichtem Gemüse und hellem Fleisch anzuschließen – niemals aber vom schwimmenden Tablett zu kosten. Für Sytz liegen die Gründe für dieses Verbot offen zutage: Der volle Magen ziehe *die natürlich hitz von anderen glidern an sich;* das warme Quellwasser seinerseits entziehe dem Magen die natürliche Wärme: *desshalb sich erhebet ein streit im leib / und warlich nit one schaden der menschlichen natur.* Auch Dryander sieht schwerwiegende Gefahren: Die unvollständig verdaute Nahrung werde durch die Wasserhitze *als roh materi im körpel vertheilet;* hier faule sie der Hitze wegen und verstopfe *die engen weg des leibes:* Die Nahrung selbst werde auf diese Art zur Krankheitsmaterie. Erst wenn der Kurgast seine «Däuung» beendet habe, dürfe er ins Wasser steigen – sonst müsse er besorgen, *dass die roh ungedewet speyss von der leberen an sich gezogen werde,* worauf ausnahmslos *schedliche verstopffung* folge.

Am meisten freilich fürchtet der Badearzt die herkömmliche Verstopfung. Fast durchwegs empfehlen die populären Baderegeln zuallererst, sich vor dem Bade *zu seubern von bösem wüsten unflat* (Sytz). Denn wenn *der gross zapf ... dadurch die natur sich am meisten seubern soll,* verstopft sei, so würde das Bad den ganzen «wuost» in die Glieder ziehen, wo er unnennbaren Schaden anrichte: das «subtilichest» würde aufgezehrt, das Gröbste aber «verhertiget», was später zu Gicht, Blattern, Fieber und Lähmungserscheinungen führe. Für hartnäckige Fälle empfiehlt Sytz Klistiere (also Einläufe) von *einer feissten brüe* oder von *öl und schmaltz* – je nach Jahreszeit und Konstitution des Patienten.

Auch Laurentius Phries, der als erster Baderegeln in deutscher Sprache herausgab, befürchtet das Schlimmste von den *uberflüssigkeyten* des Leibes: Diese würden durch die Hitze des Wassers vor allem in die schwachen Glieder getrieben und dort mit Verstopfungen und Geschwüren Unheil anrichten. Bereits zu seiner Zeit verspricht man sich viel von einem Klistier mit Quellwasser, dessen magische Wirkung über diesen Umweg die «überflüssige und zähe Materie» aus den verstecktesten Winkeln des Körpers hervortreibe. Geradezu überschwenglich lobt Tabernaemontanus die Wirkung eines solchen

Spezial-Einlaufs. Er läßt sich *ein lindes Clistierlein von einem Sawerbrunnen* bereiten, das eine Menge *rother Biliosischer und schwartzer scharpffer brennender feucht vermischt mit faulem verlegenem zehem schleim und faulem geblüth hinwegführte, das sich zu verwundern.*

Der Forscher wundert sich freilich über etwas anderes: Wie wenig energisch die Kurärzte dieser Zeit gegen das unmäßige Saufen der Badegäste vorgingen. Phries warnt nur ganz allgemein vor den Folgen des Tafelns, rügt am Weingenuß bloß, durch die Kälte des Weines würde *nicht eroffnet das da eroffnet sol werden.* Eher gehen noch die im 17. Jahrhundert entstandenen Mäßigkeitsvereine – darunter die Christoph-Gesellschaft – gegen die unmäßige Zecherei vor. Saufgelage im Bade wirken um so schizophrener, als ein Großteil der Kurgäste die heilenden Wasser just ihrer vom Alkohol angegriffenen Leber wegen aufsuchen, häufig auch Gliederzittern oder Kontrakturen der Extremitäten loswerden wollen – ein Krankheitsbild, das man heute als alkoholische Polyneuritis kennt. Für büßende Alkoholiker empfahl Paracelsus sein geliebtes Pfäfers; der Chronist Johannes Stumpf seinerseits führt Bormio an, wo das warme Bad gut sei *für vilerlei geprästen, besonders den Etschleüten, und guten zächbrüdern (die sich bey weylen an dem starcken Etschweyn abtrinckend, und daran gar contract werdend) gar wol gelegen...*

In Bezug auf ein weiteres, nicht minder populäres Bädervergnügen argumentieren die meisten Ratgeber mit der spürbaren Bitterkeit des ungehörten Propheten, der seine Richtlinien nur aus Konsequenzgründen vervollständigt. Sex im Bade, oder – wie Sytz es formuliert – *die unküschheit wil sich gantz nit gebüren, dan die selb füchtigkeit wirt durch das bad gnugsam verzert.* Auch Phries will die *werck der liebe* verbannt wissen: Ohnehin würde viel *feuchtigkeit eröffnet und verzeret... durch das bad. So würt auch durch disse werck verzert die uberflüssigkeit der letzten narung welche vil nütz ist.*

Der «ausgeworfene» Gast: Wunderglauben

Wie steht es nun um die faktischen Heilerfolge in den Kurbädern des 16. und 17. Jahrhunderts? Wie um die vielbeschriebenen Wunderheilungen, die einzelnen Bädern während Jahrzehnten massiven Zulauf brachten? Dem heutigen Leser scheint das Wunder eher darin zu bestehen, daß trotz der unsinnigen Kurbräuche von damals überhaupt Heilungen erfolgen. Für einen Mediziner des 20. Jahrhunderts wie den Badearzt und Historiker Alfred Martin spielen psychische Faktoren eine wichtige Rolle: Manche Spontanheilungen beruhten auf Suggestion; auch genügte für die Zeit der Reformation und Gegenreformation oft schon ein minimaler Heilerfolg, um die Mär einer Wunderkur entstehen zu lassen. Für Martin ist denn auch die medizinische Wissenschaft der Zeit allzusehr von Aberglauben und Hörensagen durchsetzt, als daß sich pathologische Befunde von heute aus interpretieren ließen. Was soll man etwa zu den ungeheuerlichen Auswürfen sagen, die das Bad angeblich zutagegeförderte – Schnecken und Schößlinge, Insekten wie das berühmte Insekt von Spa, das ein Patient angeblich durch die Nieren ausschied und das sich aus heutiger Sicht als bloßes Harnleitergerinnsel entpuppt? Der Aber- und Wunderglaube dieser Zeit hungert nach solchen Sensationen – auf anderem Gebiet sind sie anzutreffen etwa im Hebammenbuch des Zürcher Steinschneiders und Geburtshelfers Jakob Rueff, der 1504 allerlei Mißgeburten in Wort und Bild vorstellt – Frühgeburten offenbar, deren macerierte Haut der Zeichner so in Falten legte, daß kleine Elefanten, Schweinchen oder gar das berüchtigte Mondkalb erschienen.

Wie sehr objektive Naturbeobachtung, überlieferte Mythen und falsche Interpretationen durcheinanderspuken und sich zu farbigen Legenden vereinen, zeigt auch der Bäder-Mythos vom «Auswerfen» – der angebliche Widerstand der magischen Wasser gegen gewisse Patienten, die sich nicht unter Wasser zu halten vermögen, sondern immer wieder an die Oberfläche getrieben werden. Weil man die «Franzosen» als Gottesstrafe interpretierte, verbot man Syphilitikern das Bad, da die Quelle sie sonst ausspucken würde; weil Gold Quecksilber anzieht, und Quecksilber sich nicht mit den Mineralien der Quellwasser verträgt, müssen sich Goldschmiede vor der Wasserkur hüten. So berichtet Thurneisser von einem Lindauer Goldschmied, der seiner Gicht wegen eine Reise nach Pfäfers unternahm – das Wasser «warf» ihn aus und brachte ihn an den Rand des Todes. Eher leuchtet hier noch der Zusammenhang ein, den Laurentius Phries zwischen Bädern und Gold herstellt. Phries nämlich rät dem Möchtegern-Gast an erster und prominenter Stelle frischweg Folgendes: Schau zu, *das dein seckel geladen sei mitt gold, uff das du mögest halten zimliche ordnung im bade.*

Denn Ordnung mußte sein – wenn schon nicht im Rezeptbuch des Arztes, dann wenigstens im Kassabüchlein.

«Umstimmung»:
Die Wasserheilkunde heute

Es lohnt sich, von hier aus einen Blick auf die heutige Hydrotherapie zu werfen. Vieles hat sich seit Paracelsus' Zeiten geändert – sowohl in Bezug auf die Indikationen wie auf die Methoden. Niemand schluckt heute mehr groteske Wassermengen von 20 Litern täglich; je nach Beschaffenheit der Quelle und der Krankheit werden 4 bis 15 Deziliter verordnet. Eine bis zwei Stunden tägliche Aufenthaltsdauer im Bassin sind das Höchstmaß. Wo die Quelle Chlornatrium, Kohlendioxyd oder viel Eisen enthält, steigt der Gast schon nach 20 bis 30 Minuten aus dem Wasser und schließt eine Ruhestunde an: Man bringt den Gesamtauswirkungen auf den menschlichen Organismus heute einiges mehr an Respekt entgegen.

Nach wie vor empfehlen die Mediziner den Bäderbesuch aber auch für gesunde Menschen: Die Allgemeinwirkung auf den menschlichen Organismus wird immer noch hoch veranschlagt. Und nach

Die Hoffnung auf das Wunder. Gegenüberliegende Seite: *Klistierspritze aus David Hess' «Badenfahrt»*; unten: *Spezialkonstruktion mit Senkvorrichtung für Gebrechliche; Ende 18. Jahrhundert.*

wie vor tun sich die Mediziner schwer, diese unspezifische Heilwirkung – Dryanders *freüdigkeit im bade* – im einzelnen zu erklären. Gerne gebraucht man heute das Stichwort «Umstimmung»: Man nimmt an, daß die Kur den Körperhaushalt gleichmäßig saniert, die einzelnen Organe in ein richtiges Kräfteverhältnis stellt und so eine Gesamtharmonie bewirkt, die den Krankheiten den Boden entzieht oder, beim gesunden Körper, die Abwehrkräfte verstärkt. Ein Organsystem taucht bei diesen Erläuterungen regelmäßig auf: das autonome oder vegetative Nervensystem, besonders stark beansprucht, überreizt und geschwächt durch das moderne Großstadtleben. Streßgeplagte erfahren im Thermalbad ein «Training» dieses Steuerungs- und Kontrollsystems, dessen Schwächung sich als Nervosität, Verweichlichung oder allgemeine Schlaffheit zeigt. Der Arzt spricht hier auch von «prämorbiden» Zuständen: Der Körper dieser Kurgäste ist zwar aus dem Gleichgewicht geraten, aber noch nicht so weit, daß sich eine manifeste Erkrankung entwickeln konnte.

Neu ist aber heute die Erkenntnis, daß die Badekur gewisse Reservekräfte des Gastes voraussetzt. Eine ganze Anzahl von Krankheitsgruppen scheidet deshalb aus – weil die nötigen Reservekräfte fehlen, oder weil die krankhaften Funktionen noch verstärkt würden. Teilten früher Schwerkranke mit abenteuerlustigen Kerngesunden das Bad, so schließen heute die Ärzte das Heilbad für schwer Herzkranke, für Tuberkulöse und an bösartigen Geschwüren leidende Patienten aus.

Daß der Badende die Mineralien absorbiert, indem sie *der lyb durch sin schweisslöcher an sich ziehet,* steht heute freilich nicht mehr zur Diskussion. Die Heilwirkung wird offenbar durch die in der Haut liegenden Endverzweigungen des Nervensystems vermittelt – es handelt sich also um eine physikalische Reizwirkung.

Der Hautreiz – durch Massagen, Wickel und Duschen unterstützt – kräftigt das Wärmegefühl und die Wärmeregulation des Körpers, verbessert die Blutzirkulation und entlastet so das Herz. Die gekräftigte Blutzirkulation wiederum wirkt sich auf den Stoffwechsel aus; Schlacken werden ausgeschieden, Blutbildung und Verdauung ermutigt.

In den allermeisten Fällen wird der Arzt eine Bade- *und* Trinkkur gutheißen. Die rabenschwarze Diagnose, die man dieser Kombination früher oft stellte, ist der Erkenntnis gewichen, daß sich die beiden Anwendungsmöglichkeiten aufs beste ergänzen: das Bad als Vermittler einer eher allgemeinen «Umstimmung» des Körpers, die Trinkkur vor allem als Beeinflussung bestimmter Organfunktionen. So wirken sich die innerlich genommenen Heilwässer vor allem auf Magen, Darm und Leber aus, regen die Drüsensekretion an oder verlangsamen sie, ermuntern die peristaltische Tätigkeit und regen den Appetit an, während sie den Organismus gleichzeitig mit Eisen, Jod, Kalzium usw. versorgen.

Denn die krause Systematik der Heilwässer, mit welcher etwa ein Thurneisser der Mannigfaltigkeit der Quellen beizukommen suchte, wich bereits im 19. Jahrhundert einer gründlichen chemischen Analyse und einer ausgeklügelten Systematik, welche die chemische Zusammensetzung und deren Auswirkungen mit den klimatischen Gegebenheiten des Kurortes in Beziehung brachte. Keine geheime Abhängigkeit mehr zwischen Sternbildern, Körpersäften und Temperamenten also – dafür ein ebenso kompliziertes Abwägen zwischen klimatischen, chemischen und medizinischen Faktoren. Hatten bereits die Wissenschafter des 19. Jahrhunderts die chemische Zusammensetzung der meisten Schweizer Quellen analysiert (nicht wenige «Wunderbäder» erhielten dabei übrigens vernichtende Atteste) – war man sich also um 1850 über das

Einzelkabine mit Spezialduschen: Angebot im Bad Ragaz; um 1880.

Quantitative im klaren, so erforschte man in unserem Jahrhundert vor allem die Wechselwirkung zwischen den Hauptkriterien und experimentierte mit neuen Anwendungsmöglichkeiten. Die Zeit um 1900 brachte eine Rekordzahl an Apparaten für Inhalationen, Pulverisationen, Gurgelungen, Nasen- und Vaginalduschen, mit deren Hilfe man ganz bestimmte lokale Wirkungen zu erzielen suchte. Sogar die uralte Therapie des Kräuterzusatzes fand wieder Anhänger. Hier wirkte freilich auch die seit dem ersten Auftreten von Vinzenz Priessnitz (1840) und Sebastian Kneipp (1860) immer populärer werdende Wasserheilkunde mit hinein. Die Kaltwasser-Therapeuten operierten mit Waschungen, Wassergüssen, Ganz- oder Teilbädern, Packungen und Klistieren, als gelte es, das Brunnenwasser neu zu entdecken.

Heute unterscheiden die Wissenschafter die Quellwasser nach deren hervorragendstem Bestandteil und nach der Temperatur: Thermalquellen sind über 20 Grad heiß; daneben gibt es subthermale und kalte Quellen. In alkalischen Wässern herrscht das Natriumkarbonat vor; übersteigt die Menge freien Kohlendioxyds 1 Gramm/Liter so spricht man von einem alkalischen Säuerling. Als Eisenwässer gelten diejenigen Quellen, die 0,01 Gramm oder mehr Eisensalz enthalten, in denen das Eisen aber das medikamentöse Hauptprinzip darstellt. Unterabteilungen heißen hier: alkalische, erdige, muriatische, salinische oder kohlensaure Eisenwässer. Die Analyse ergibt oft bis zu zwanzig und mehr gelöste feste Bestandteile, wobei die Gewichtung mit Tausendstel- und Zehntausendstelgrammen pro Kilogramm Wasser arbeitet. Viel Aufsehen erregte die Radioaktivität einzelner Quellen, der man um die Jahrhundertwende wahre Zauberkräfte zuschrieb. Seither haben sich die Gemüter ob der minimalen Strahlungsmengen wieder beruhigt; die Strahlendosis wird aber weiterhin in den Zusammensetzungstabellen aufgeführt.

An die Stelle der willkürlichen Zuordnung von Mineralien, Kräutern und Körperorganen in der prä-experimentellen Medizin ist heute die beruhigende Objektivität medizinischer Statistik getreten. So ist nicht mehr eine *besondere krafft des himels zu einem kraute oder dinge... verordnet;* vielmehr erweisen über Jahrzehnte nachgeführte Statistiken die günstige Beeinflussung etwa des Drüsen- und Lymphsystems durch jodhaltige Quellen. Kalziumsulfate als medikamentöses Hauptprinzip einer Mineralquelle wirken sich günstig auf die Diurese aus; Magnesium- und Natriumsulfate ermuntern die Darmtätigkeit, während eisen-und arsenhaltige Quellen die Blutbildung begünstigen. Hier überall ist die Dosierungsfrage gelöst; die Badekrise, die man früher durch ausgedehnte Bäder oder gargantueske Trinkportionen künstlich hervorrief, ist völlig der Vergessenheit anvertraut worden.

Eine Konstante freilich ist geblieben: die alte Normal-Kurdauer von 21 Tagen. Haben hier schon die Alten ein biorhythmisches Optimum erahnt, oder passen die heutigen Mediziner ihre Erwartungen einem ökonomischen Zwang an – nämlich der durchschnittlichen Feriendauer ihrer Patienten?

*Von Einhorn und Biberhoden:
Volksmedizin*

Steine aus dem Gehirn einer Schnecke, eine Pille aus Lärchenharz, gemahlener Bergkristall, Muttermilch oder Menschenfett – keine Substanz in der Natur, die der neugierige Älpler oder Städter nicht einmal als Arzneimittel ausprobiert hat. Erst mit dem überall erwachten Interesse an Kräutern, Steinen und Tieren, das die Renaissance mit sich brachte, wird aber ein Einblick in die Volksmedizin des 16. Jahrhunderts möglich. Besonders die auf alles Ausgefallene erpichten Chronisten wie der Luzerner Cysat oder der Zürcher Stumpf sammeln in Alpen und Mittelland eine erstaunliche Fülle von Rezepten und Hausmitteln.

Seit undenklichen Zeiten, so berichtet etwa Stumpf, habe man in den Bergen edle Kräuter wie Meister- und Bärenwurz, Enzian und Pimpernell gesammelt: *den ärtzten und Apoteckern dienstlich und wolerkannt.* Sein Kollege Cysat sieht viele angebliche Wunderheilungen durch Naturkräuter mit skeptischem Blick: Es sei wohl mehr der *styffe gloube* in die Wirksamkeit der Hausmittel sowie die robuste Konstitution der Bergler, die ihnen Genesung gebracht hätten. *Mancher – jch hab es selbs gesehen – hatt ettwan Sachen yngenommen, da die Artzet hoch bethüret, es sollte ein Pferd darob verdorben sin, jme aber jst nüt geschehen.*

Vom Bergfenchel etwa überliefert der Bündner Geschichtsschreiber Campell, diese Pflanze sei, *trocken verrieben, mit Brei angemacht, neugebornen Knäblein oder kleinen Kindern ausserordentlich zuträglich gegen die gewöhnlich sie befallende Krankheit, welche ihnen Augen und Glieder verzehrt.* Von der Hundszunge oder *cynoglossa* berichtet er, in den Engadiner Tälern werde sie zusammen mit menschlichem Urin gekocht und den Kühen *zur Reinigung und Heilung von äusserlichen Schäden* verabreicht.

Auch vor gifthaltigen Wurzeln schreckte man nicht zurück. Enzian fand als Gegengift Verwendung, wenn Kühe von Ratten, Spinnen oder anderen Tieren gebissen wurden. Mit der supergefährlichen Wolfswurz (*Aconitum Napellus* oder *Sturmhut*) tötete man laut Cysat Wölfe und Füchse – als Vorläufer der Pestizide aber wurde sie sogar Bestandteil von Laussalben, die man sich offenbar ohne Beschwerden ins Haar rieb.

Wunderdinge erwartete man von harmlosen Küchenkräutern wie Knoblauch oder Rosmarin – der erstere als Pestmedizin häufig propagiert (*Pro curatione pestis siedt mans jn wasser und gibts dem patienten für ein schweisstrunck ze trincken ... zücht dz gifft und wuost gwalltig uss*), der letztere eine Allerweltsarznei, die Wunden säuberte, Blasensteine abtrieb, Schlangenbisse unschädlich machte und auch als Kosmetikum Verwendung fand. Rosmarin vertrieb Märzenflecken und stärkte schwaches Zahnfleisch. Ja, Cysat rät sogar: *Hast ein holen zan mit schmertzen, so zünd ein höltzlin von Rosmarin an und steck es also glüeyend darin; es hillfft.* Ob es half oder nicht, hatte wohl vielfach mit psychosomatischen Reaktionen zu tun. Viele Arzneien scheinen nur darum verwendet zu werden, weil Grundstoff und beabsichtigte Wirkung Parallelen aufweisen. Wer Knochenbrüche mit Baumharz heilte und das Fett des dichtbepelzten Bären gegen Haarausfall einrieb, betrieb sympathetische Magie: Gleiches galt für Gleiches. Dem Baumharz traute man allerdings auch zu, unerwünschte innerliche Ansammlungen an sich zu ziehen. Chronist Stumpf fand in den Bergen Leute, die das hellste Weißtannenharz zu einer bohnengroßen Pille kneteten und diese verschluckten. Dies verhelfe ihnen *zuo langwiriger Gesundheit ... dann es zeücht an sich im menschen allen schleym und wuost / und tringt damit gar sennftigklich widerumb zum ausgang.*

Der mit Schleim und «wuost» beschwerte Harzklumpen, der sich seinen sanften Weg durch die Därme sucht – die Volksmedizin schließt hier unverdrossen von äußerlichen Merkmalen auf innerliche, betreibt eine Art pantheistischer Zusammenschau. Ähnlich schreibt man auch den Hoden des Bibers, der als besonders «geil» gilt, Wunderkräfte zu: Der Biber werde oft mehr um dieses Arkanums willen geschossen *dann umb des Wildpräts willen,* wie Stumpf behauptet. Auch die herkömmliche Wertung des Eichhörnchens übernimmt er unbesehen: Dieses Tier sei *ein kostlich guot und gesund wildprät für kranck / blöd und gesüchtig leut.* Und nicht vergessen: *Die schwartzen seind besser als die roten.*

Geierherz, Igelfleisch, die Eingeweide von Rehen – all dem schrieb man verborgene Eigenschaften zu, die sich im Verlauf der Jahrhunderte erwiesen hätten. Was aber, wenn gewisse Substanzen nur in der Fantasie der Heilkundigen bestanden? Der Schneckenstein, den angeblich manche Schnecken im Gehirn trugen und den man im Tee auflöste, um das Fieber zu vertreiben, entstand wohl ebenso sehr im Pulvertiegel des Apothekers wie das zerriebene Horn vom Einhorn – obwohl mindestens zwei namentlich bekannte Eidgenossen der Zeit behaupten, dieses Tier mit eigenen Augen gesehen zu haben. Der Pilger Ludwig Tschudi nämlich will 1519 im Domschatz von Venedig *drey gantze Einhorn* gezählt haben. Und Felix Platter, der ansonsten nüchterne Basler Arzt, bestaunte 1557 in der Nähe von Paris ein sechs Schuh langes Einhorn, dessen Urin sorgfältig gesammelt wurde: Das Tier *stuondt in eim züber mit wasser hinder eim altar; das wasser gibt man den presthafften zuo drincken.*

Zurück zum Ursprung: Von Quellen und Sagen

Geheimnisvolle Frucht des Berges: Tamina-Schlucht bei Pfäfers.

Woher kamen sie nun aber eigentlich, die heilenden Wasser? Da weiß die Naturphilosophie des 16. Jahrhunderts nur allzuviele Antworten. Am meisten beschäftigt wohl der Schwefel die Gemüter – diese leicht brennbare Substanz mußte irgendwie mit der Hitze im Erdinnern zusammenhängen. Unser Badener Allround-Mann Sytz hat gleich drei Lösungsvorschläge. Einmal erhitzen brennende Schwefelberge im Erdinnern das Wasser, während es in Tunnels durch die heißen Zonen läuft. Da diese Tunnels – so immer Sytz – oft sehr eng sind, braucht es den Schwefel vielfach gar nicht. Beim Durchlaufen entsteht Reibungsenergie, die sich in Wärme umsetzt, denn: *harte arbeit wärmet ein yedes ding.* Dergestalt erhitztes Wasser ist nun aber ohne jede Heilkraft. Erst die dritte Variante bringt Heilwasser. Dabei führt der subterrane Flußlauf durch schwefelhaltiges Gestein; das Wasser nimmt Schwefelpartikel an sich; da diese *per se* erhitzender Natur sind, wird auch das Wasser erwärmt; gleichzeitig «löst» es aber auch die Eigenschaften des Schwefels «ab»: zu trocknen und zu wärmen.

Mit der «hitzigenden Natur» des Schwefels operieren auch Phries und Dryander. Für sie – wie auch für Paracelsus – gehört der Schwefel zu einem der drei Weltprinzipien. Neben *sal* und *mercurius*, die für das Feste und das Flüchtige stehen (also für *corpus* und *spiritus*), ist dem Schwefel die *anima* und das Prinzip des Brennenden zugeteilt.

Solche Weltprinzipien schufen in den folgenden Jahrzehnten, als man um den Begriff des Elementes im chemischen Sinn rang, einige Verwirrung. Dies zeigt die Fülle von Namen, die man dem geheimnisvollen gelben Stoff gab. Zedlers Universallexikon (1743) nennt so ausgefallene Bezeichnungen wie *Akiboth, Ahusal, Anerit, Kribrit, Tifasum* und *Unifur* – dies neben den geläufigen allegorischen Bezeichnungen wie *oleum terrae, pulmo terreus* oder *ignis terrae*. Auch für Hans Folz war es diese «brennende Lunge», die beim Zustandekommen der heißen Wasser verantwortlich war: Folz spricht von der *schwifligen prunst* der Berge, die das hindurchlaufende Wasser erwärme.

Erdporen, brennende Schwefelberge
Paracelsus hat hingegen zwei fundamental verschiedene Lösungsvorschläge. Die «fixen Thermen» und die «transmutierten Wasser» unterscheiden sich grundlegend

in der Entstehung. Fixe Thermen waren schon immer da: Sie entstanden zur Schöpfungszeit, als eine Art temperiertes Urwasser in heiße und kalte Wasser aufgeteilt wurde. Die *separatio* – so glaubt Paracelsus – machten einst alle Stoffe der Schöpfung durch: Dabei teilte sich eine Art Urstoff in spezifisch begabte Wesen. Auch Sonne und Mond waren einst eins; ebenso Sommer und Winter.

Transmutierte Wasser kamen auf kompliziertere Art zustande – im Erdinnern oder gar an der Erdoberfläche. So gab vielleicht kalkhaltiger Boden als «entlehnte Kraft» die Hitze ans Wasser ab – oder ein im Erdinnern loderndes Feuer erhitzte vorbeifließendes Wasser. Vielleicht vertrugen sich auch zwei nebeneinander herfließende Wasser nicht und entwickelten Energie, mit welcher sich die *contrariae coniunctiones* in Hitze verwandelten.

Solche Spekulationen fanden entschiedene Gegnerschaft. Libavius, der als einziger der Zeitgenossen auf Paracelsus eingeht, bezeichnet die Separations-These als dem *delirium Paracelsi* entsprungen und will auch von den *contrariae coniunctiones* nichts wissen. Solche chemischen Reaktionen entstünden wohl in den Tiegeln und Töpfen der Alchemisten, würden aber niemals ausreichen, die ungeheuren Wassermassen der Thermen zu erwärmen.

Während aber auch Libavius keine einleuchtenden Vorschläge auf Lager hat, geht sein Nachfolger Georg Agricola mit deutscher Gründlichkeit auf die vorliegenden Thesen ein und entkräftet sie eine nach der anderen. Für den genialen Geologen und Bergbau-Experten (gest. 1555) ist es zum Beispiel ausgemachter Unsinn, daß die Sonne durch die «Poren der Erde» das Wasser erwärmen soll. Erstens weise die Erde nicht überall Poren auf, und dann müßte die geringere Einstrahlung des Winters sich sofort in der Wärme der Thermen zeigen. Überdies: Wenn die Sonne nicht einmal genügend Kraft aufbringt, die Seen und Flüsse der Erdoberfläche zu erwärmen – wie kann sie dies dann für die unterirdischen Gewässer tun? Die «heißen Winde» im Erdinnern, die manche Kollegen zur Erklärung vorschlagen, scheinen ihm ebenso unsinnig wie die These von der Reibungsenergie. Die Winde – so Agricola – würden sich zusammen mit den Quellen sogleich einen Ausgang aus der subterranen Welt suchen und stünden nach ihrem Verschwinden nicht mehr für Heizungszwecke zur Verfügung. Was die Reibung betrifft: Viele unterirdische Wässer flössen durch enge Kanäle, ohne daß deswegen alles aus der Erde fließende Wasser heiß sei.

Und wie – so immer noch Agricola – müsse man sich denn diese Erhitzung im Erdinnern vorstellen? Die Höhlentheorie, der zufolge das Wasser in einer riesigen Pfanne (eben der Höhle) zum Kochen gebracht wird, ist ihm ebenso verdächtig wie die Annahme, das Wasser zwinge die natürliche Hitze des Erdinnern nach außen. Dafür sei ganz einfach die Erdhitze zu schwach. Viele Thermen würden wie das Meer Ebbe und Flut zeigen – gäbe es eine Art «Heizofen Erde», so müßte der Quellertrag ja gleichmäßig sein.

Ebenso wenig habe man von der Behauptung zu halten, eine Materie im Erdinnern gebe ihre heiße «Natur» an das Wasser ab. Laut Agricola bleibt wirklich nur eine Erklärungsmöglichkeit: Im Erdinnern treffen Wasser und Feuer aufeinander; riesige lodernde Flammen in tief verborgenen Kanälen sorgen für eine gleichbleibende Beheizung. Daß die gewaltigen Wassermassen dieses Feuer nicht löschen, ist dem «Erdpech» zu verdanken, das munter vor sich hin brennt, auch wenn gewaltige Ströme durch die Flammen rauschen. Das Erdpech-Feuer wärmt mitnichten etwa eine darüberliegende Höhle und bringt so das Wasser wie in einer Pfanne zum Sieden: Die gewaltigen Energien, die bei einem solchen Prozeß frei würden, würden die Höhlenwände gleich den Wänden eines irdenen Topfes sprengen.

Agricolas *De ortu et causis subterraneorum* überzeugt die Zeitgenossen so nachhaltig, daß nach Erscheinen seiner Studie (1553) alle anderen Theorien verschwinden. Alle bedeutenden Bade-Autoren der Zeit – Ryff, Huggelin, Fallopius und Andernach – übernehmen seine Erklärung. Diese freilich darf in keinem populären Bäderbuch fehlen: Als erstes will der Leser doch wissen, woher die vielbestaunten heißen Sprudel eigentlich kommen.

So ungeheuerlich Agricolas Thesen heute anmuten – für die Folgezeit ist in dieser Sache das letzte Wort gesprochen. Es wird über zweihundert Jahre dauern, bis die französischen Enzyklopädisten zur Entstehung der Thermen Thesen aufstellen, für die sich auch die heutige Wissenschaft erwärmen kann.

Herauftransportierte Hitze

Diesem Forscher von heute gibt bereits die geographische Situation der heißen Quellen einige Auskunft über die Beheizung des Wassers. Die Konzentration von Thermen im Gebiet von Baden und Schinznach etwa fügt sich in den Rahmen eines großen schweizerischen Flußtrichters ein. Hier entwässern Aare, Reuss und Limmat einen großen Teil des Mittellandes, gebremst durch einen Querriegel des Jura. Dieser stoppt auch die unterirdischen Wasserläufe der Gegend und nötigt sie zum Auftauchen an die Oberfläche – oft aus ansehnlichen Tiefen. Da die Erdtemperatur um durchschnittlich 2,5 Grad pro hundert Meter Tiefe steigt, gibt die Quelltemperatur auch oft erwünschte Auskunft über die Schicht, aus der das Wasser stammt, ebenso über den Weg der unterirdischen Flußläufe.

In den Alpen zeigt sich eine nördliche Thermenzone rund um die granitischen Zentralmassive (Aiguilles rouges, Aare- und Gotthardmassiv) und ihre auflagernden Sedimentdecken. Das Oberflächenwasser aus größeren Einzugsgebieten sickert hier den auf- und absteigenden Massivrücken entlang langsam in die Tiefe und erwärmt sich dabei. An Klüften und ähnlichen Fugen gelangt es wieder an die Oberfläche – so bei Lavey, Leuk und Ragaz. Das große Einzugsgebiet erklärt auch die enormen Wassermengen: Die Pfäferser Therme etwa schüttet jede Sekunde 55–150 Liter körperwarmen Wassers (Durchschnittstemperatur 36,7 Grad) aus.

Das Versiegen der Quellen, das unsere Vorfahren mit legendärem Beiwerk versahen, findet völlig natürliche Gründe. So können sich die Mineralwasser-Adern ihr eigenes Gerinne durch Ablagerungen (Tuff, Quellsinter) verbauen; sie können sich neue unterirdische Wege entweder langsam erschließen oder – seltener – durch ein Erdbeben plötzlich zugewiesen bekommen.

Ebenso hinfällig wird durch die neuere Geologie die vielfältige Spekulation um die Anreicherung des Wassers mit Mineralien und Metallen. Mineralsubstanzen, Gasgehalt und radioaktive Bestandteile der Quelle entsprechen genau den Gesteinsschichten, welche die Wasserader vor ihrem Auftauchen durchläuft. Leicht lösliche Salze (Gips, Steinsalz, Natrium- oder Magnesiumsulfat) treten vor allem in der Triasformation des Jura auf. Baden, Schinznach und Rheinfelden profitieren also vom natürlichen Salzreichtum dieser Schichtfolge – einst entstanden, als hier riesige abgeschnürte Meeresbecken unter heißer Wüstensonne verdunsteten. Schon eine kurze Fließstrecke genügt, um in Triassedimenten Mineralquellen entstehen zu lassen.

Komplizierter liegen die Dinge, wenn ein Quellwasser zum Beispiel Natriumbikarbonat enthält. Dazu ist kohlensäurehaltiges Wasser nötig – und Kohlensäure

A. Descensus præceps et anfractuosus ex Gemmio
   Monte ad Thermas Leucenses Vallesiæ, pedum 10110
B. Iris solaris circularis ad radices præaltarum
   Catarrhactarum conspicuæ.
C. Glaciales Rupes Gletscheri dictæ ad scaturigines
   Rhodani in Furcâ Monte, in Vallesia summa.
D. Modus tornandi Lebetes, Lavezzi, ex ollari lapide
   in Comitatu Clavennensi Rhætia.
E. Draconita Lucernensis. Lucernischer Drachen
   Stein.

Stättlein Reform.
Stättlein R. Cathol.
Flecken Reform.
Flecken Röm. Cathol.
Flecken vermischter Religion
Schloß oder Bourg
Kloster
Dorff Reform.
Dorff Röm. Cathol.
Dorff vermischter Religion
Bad
Hoff
Ort da Schlachten geschehen
Strassen über Gebirge

Kreislauf des Wassers über und unter der Erde: Die Gemmi bei Leuk in einer Darstellung des 18. Jahrhunderts.

kommt bloß in Regionen an die Oberfläche, wo es tiefgreifende Bruchflächen und intensive Faltungen gibt. Dazu gehört etwa die Grenzzone zwischen West- und Ostalpen (St. Moritz, Scuol-Tarasp, Passugg). Erst solcherart angereichertes Wasser kann das Natriumbikarbonat aus dem Gestein – aus gewissen Gneisen etwa – herauslösen.

Und der vieldiskutierte Schwefel – diese «Lunge der Erde»? Solche Quellen entstehen, wenn Gipswässer mit einer gewissen Bakterienart zusammentreffen. Diese Bakterien, die tief in den Boden hineingelangen, produzieren das Schwefelwasserstoffgas, das dem Neuling in Baden oder Lavey erst so unliebsam in die Nase sticht.

«Gewächs der Erde»:
Winter- und Sommerwasser

Zurück aber in die beginnende Neuzeit, wo die heilenden Quellen mit Agricolas Theorien noch lange nicht zuende erklärt sind. Weshalb verhalten sich zum Beispiel die Quellen nicht zu allen Jahreszeiten gleich? Hier stehen viele etwas verschwommene Naturphilosophen einigen «modernen» Empirikern gegenüber. Für die ersteren sind die Heilquellen ein «Gewächs der Erde», das treibt und abstirbt; die «Modernen» sprechen von verdampfter und wieder kondensierter «Erdfeuchte», die auf das Regen-Angebot reagiere.

Für Pantaleon liegt es auf der Hand, daß sich die Quellen den Gesetzen der Jahreszeiten zu fügen haben – so wie Blumen und Kräuter auch. Der Basler Arzt will sogar Schwankungen in der Heilwirkung der Wasser beobachtet haben: *Dann ein jedes Wildbad, wie auch andere kreuter und erdgewechs, sind im Hewmonat, Herbstmonat und Weinmonat am krefftigsten. Man erfahrt auch, daz sich im Frühling und Herbst mehr Schwebelblumen in diesem Bad dann zu anderen zeiten erzeigen, darum das Wasser auch etwas krefftiger.*

Aber nicht nur den Gesetzen der Erdumdrehung folgt das Wasser. Die Quelle hat, so wie alles Leben auf Erden, eine Zeit der Geburt und des Todes. Dryander, welcher das Emser Bad beschreibt, schickt voraus, daß seine Untersuchungen wohl nur für ein Menschenalter Gültigkeit hätten – man dürfe deshalb auch frühere Autoren nicht schlankweg der Unwissenheit bezichtigen: Vielleicht hätten sie andere Phänomene beobachtet als er und seine Zeitgenossen. Auch die Wasser würden geboren und wüchsen, wie die Steine und Metalle und alle Dinge auf Erden – ein gleichförmiges Fließen ohne Ziel und Ende, unter der Herrschaft der Gestirne.

Unter ebenso kosmischen Vorzeichen sieht Leonhard Thurneisser den Kreislauf der göttlichen Wasser. In seiner 1572 erschienenen «Kosmographie» entwirft er ein eigentliches Atlantenwerk aller Gewässer der Erde. Die Flüsse sind nur Teil eines gewaltigen Kreislaufes über und unter der Erde, der nach göttlichen Gesetzen abläuft.

Schwesternborn und Wahrträume: Findersagen

*Es sint die warmen bad ich sprich
geschöpf gottes gantz wünderlich*

meint Hans Folz in holprigen Rhythmen. Daß unter solchen Vorzeichen die Entdeckung einer Quelle zum göttlichen Fingerzeig wird, zum eigentlichen Gnadenakt, darf nicht verwundern – ebensowenig, daß sich um solche Entdeckungen bald Sagen und Legenden ranken. So gibt sogar die Gottesmutter einen direkten Wink, der zur Entdeckung der heilenden Wasser von Luthern bei Willisau führt. Der Luzerner Chronist Cysat berichtet, am Pfingstsamstag 1581 sei einem gewissen Jakob Minder die Muttergottes im Traum erschienen und habe ihm bedeutet, er solle *hinder siner behusung an das ort, da ietz under der kleinst wasserbrunnen by dem grossen crütz ist, hinuss gan, daselbst graben ...* (so) *werde er ein wasser finden mit demselben er syn schaden und gebresthaften schenkel weschen* solle. Minder, den seit geraumer Zeit Schmerzen am Oberschenkel plagten, ließ sich das nicht zweimal sagen: Er fand die versprochene Quelle und wurde innert kurzer Zeit von seinen Schmerzen befreit.

Ähnlich verhalf ein Wahrtraum im Jahre 1863 zur Wiederauffindung der Quellen von Passugg – darüber mehr im Abschnitt über die Bündner Bäder. Über ganz Deutschland verbreitet ist die Sage vom Schwesternborn. In ihrer Schweizer Variante wird sie für Rigi-Kaltbad beansprucht. Zur Zeit vor dem Burgensturm – so wiederum Cysat – *habe ein frommer landtman zuo Küsnacht unden an disem berg dry eeliche und schon erwachsene wolgestallte töchtern gehept,* auf die aber leider der in Küsnacht ansässige österreichische Landvogt sein Auge warf. Dieser befahl seinen Vasallen, die drei Schönen während einer Tanzveranstaltung zu entführen und auf seine Burg zu bringen, *damit er die missbruchen und sines schantlichen muottwillens mit jnen leben möchte.* Zum schändlichen Mutwillen kam es aber nicht: Ein Eingeweihter warnte das weibliche Kleeblatt. Nachdem die drei sich *heimlich ab dem tantz verschleickt,* fanden sie Unterschlupf auf dem Rigi und hielten sich so lange versteckt, bis *das land in sicherheit gesetzt.* Dies alles, meint Cysat, sei nicht gar so unglaublich, obwohl keine der ihm bekannten Chroniken die Episode anführe. Das dicke Ende komme aber erst jetzt: Die drei Schwestern hätten in ihrem Schlupfwinkel offenbar eine heilende Quelle gefunden und *disern brunnen genossen.* Das Volk habe sie dafür heiliggesprochen und verharre im Wahn, die drei seien nach ihrem Tod auf dem Berg wohnen geblieben: *sy söllent unsterblich da wonen und sich bisweylen den menschen und besonders jres geschlechts nachkommen sehen lassen* – würden also

74

mit einigen auserwählten Sterblichen mitunter «conversieren». Cysat: *wöllichs nun meer ein fabel dann ein waarheit ze halten.* Trotz solcher Verehrung wurde die Heilwirkung von Rigi-Kaltbad offenbar vergessen. Eine zweite Entdeckersage meldet nämlich erst wieder aus dem Jahre 1540, ein gewisser Bartholomäus Joller habe sich «nach langer Ermüdung daselbst erquicket» und gleich die göttliche Kraft gespürt, weshalb er den Quell nach der Muttergottes nannte. Als ihn kurze Zeit später eine schmerzhafte Wunde am Arm quälte, erinnerte er sich des Brunnens und fand sogleich Heilung: *wöllichs er ussgebreitet und vil andre menschen, so jre gebressthaffte glider alda geweschen ouch gesuntheit erlangt haben söllent.*

Auch das Bad Pfäfers weist in seiner Entdeckungsgeschichte mindestens ein Comeback auf. Die Quelle, so berichtet der Chronist Johannes Stumpf, habe *lange zeit verborgen gelegen,* sei dann aber zuletzt «dank Gottes Erbarmen und Güte» den Menschen zugänglich gemacht worden. Erster Entdecker war ein Klosterjäger, *genennt der Vogler,* der in das wilde Tal zwischen die Felsen gestiegen sei, um Rabennester auszunehmen – offenbar ein verbotenes Vorhaben, von dem ihn der göttliche Fingerzeig in Gestalt einer heißen Quelle noch rechtzeitig abhielt. Aber auch hier wurde der Wunderborn längere Zeit vergessen – Chronist Felix Hemmerli sieht diesen Prozeß als göttliche Strafe. Denn es sei *von der menschen sünt wegen / wann laien / geistlich münch und nünen süch alle gemein / so vil sünden da verpracht sein worden / das es got verloren lies werden.*

Baden und Taufen

Lassen die alten Sagen Gott ganz direkt eingreifen, so darf es nicht verwundern, daß der Akt des Badens zum Taufsakrament in innige Beziehung gebracht wird. Dies umsomehr, als es vielfach geistliche Männer und Frauen sind, die die heilenden Quellen betreuen – so in Pfäfers, wo die Klostermönche regieren, so auch auf Rigi-Kaltbad, wo ein Einsiedler die Einrichtungen betreut. Das Wasser fließt hier neben einer 1556 erbauten Kapelle in einen hölzernen Trog und ist so bissig kalt, *das einer syn hand gar kümberlich eins Ave Maria lang darinn halten kann* (Cysat). *Da komment wyb und mann von der nähe und wytte har gan baden für allerley lybs mängel zwar one allen rat der artzten und bruchent das allso: Der mensch muoss sich nackend jn disen brunnkasten werffen und drümal darinn mit lyb, houpt und allem umbwerffen und tuncken mitt ettwas ceremonien wie es die einsidel angebent.* Der gute Glaube sei so groß, daß mancher Patient behauptete, er sei auf der Stelle geheilt worden; Cysat hat selber mit vielen Kranken gesprochen, *die diss gebrucht und sich guotter hilff gerüempt;* ihr Zustand sei aber *bald darnach böser worden, dann sy zuovor gewesen.* Cysat will der Sache nicht recht trauen; immerhin wagt er nicht, das Ganze als bloßen Aberglauben abzutun: *allein dz es der natur und phisicalischer regul gar ze wider sin erschynt, desswegen ein übernatürlich ding sin müesste.*

Leider erfahren wir vom ihm nichts näheres über das *tuncken mitt ettwas ceremonien;* man darf aber mit ziemlicher Sicherheit annehmen, daß der Einsiedler das Untertauchen mit Gebeten begleitete: das Bergbad als Sakrament, als säkularisierte Taufe. Rigi-Kaltbad bildet hier keinen Einzelfall. So berichtet auch Stumpf über das Wichlenbad bei Elm, der Heilungsuchende müsse sich *drey mal darinn gar hinunter tuncken / so hat man genug.* Auch diese Quelle (die Forscher wissen offenbar nicht recht, wo sie sie plazieren sollen: Glarner und Bündner streiten sich um den Standort) – auch diese Quelle also ist von schneidender Kälte. Laut Stumpf sammelt sich ein «überkaltes Wasser» und zwar «mehr ein Schnee- denn ein Brunnenwasser» in einer natürlichen Vertie-

Die göttliche Kraft aus dem Fels: Bergbad im Freien; Federzeichnung von Peter Flötner (vgl. Abb. S. 63).

fung; *darinn badend und tauffend sich die leüt für allerley geprästen des leybs.*

Das Übernatürlich-Magische, das er mit dem Stichwort «Taufen» beschwört, zeigt auch der den Text begleitende Holzschnitt: ein beinahe kreisrunder Teich, um den sich Heilungsuchende mit Krücken scharen. Zu ihren Heilungschancen äußert sich Stumpf weniger zimperlich als sein Kollege Cysat: *Etlicher präst ist nach disem bad besser / etlicher auch böser worden.*

Wunder- und Aberglauben, das zeigt auch ein Blick auf die deutschen Quellsagen, begleiten allemal die Mär von der Entdeckung eines neuen Brunnens. Der Hergang dieser Legenden grenzt ans Stereotype: Ein lahmer Schäfer erquickt sich zusammen mit seinen Tieren und spürt eine dramatische Besserung für ein altes Leiden; ein dahinserbelnder Holzknecht fühlt bei einem zufälligen Fußbad göttliche Kräfte durch den dürren Leib dringen. Noch im 18. Jahrhundert glaubt Johann Jakob Scheuchzer (in «Hydrographia Helvetica») an einen direkten göttlichen Gnadenbeweis: Für das Bad bei Aeugst etwa postuliert er eine *terra virginalis* – jungfräuliche Erde, welche das herausquellende Wasser heilige.

So unerwartet das Geschenk kommt, so unerwartet verliert es seine Kraft. Viele Brunnen haben jahrzehntelang Zulauf, dann wird das Wasser «modrig», die Wunderkraft versiegt, die Quelle verödet.

Tiere und Heilige

Nicht selten ist es ein Tier – eine «unschuldige Kreatur» also –, die das Verlorengeglaubte wiederentdeckt oder überhaupt als Werkzeug Gottes amtet. Als Beispiel mag die Entdeckung des Gyrenbades im Zürcher Oberland dienen: Hier habe einst ein Geier einen Flügel gebrochen und dieses kranke Glied solange im Wasser einer Quelle gebadet, bis es wieder zum Fliegen taugte. Ein aufmerksamer Hirte habe ihn dabei beobachtet und

Oben: *Wichlenbad; nach Johannes Stumpf, Schweizer Chronik, 1548.*
Gegenüberliegende Seite: *Zweimal entdeckt wurde die blutwarme Quelle von Pfäfers; aus Matthäus Merians «Topographia Germaniae», 1655.*

auf eine wundertätige Quelle geschlossen. Bald stellten sich die ersten unerwarteten Heilungen ein; fortan hieß die Quelle das Geier- oder Gyrenbad.

Nicht selten beschert eine Gründersage dem jeweiligen Bad eine veritable Quellheilige, die durch die Jahrhunderte hinweg angerufen wird – so etwa die Badener Quellheilige Verena, die (zusammen mit den Zürcher Stadtheiligen) der Niedermetzelung der Thebäischen Legion durch die römischen Legionen im Jahre 333 vorerst entfloh, später aber in Baden hingerichtet wurde, worauf an der Richtstätte die heilenden Wasser zu fließen begannen. Die Badener Verena wird innert kurzer Zeit zur Schutzheiligen unfruchtbarer Frauen. Der Basler Arzt Pantaleon berichtet ärgerlich von einem «abergläubischen Wahn»: *es vermeinen hie jren vil / wann ein unfruchtbare fraw darinnen bade / und ein fuoss in dz loch stosse / da dz wasser herfür quillet / es werde S. Verena bey Gott erwerben dz sie fruchtbar werde.* Diesem Aberglauben habe man es zu verdanken, daß selbst Frauen aus vornehmen Ständen das vulgäre (weil der Allgemeinheit offenstehende) Verenabad benützten – allerdings nur, wenn eben das Wasser abgelassen und das Bassin gesäubert worden sei. Dann aber geschehe es, *das vil schöner reicher frawen mit guldinen Ketten beziert sich darein setzen / den fuoss hinein stossen / jr gebett vollbringen.* Es komme recht häufig vor, daß die reichen Kundinnen danach wirklich schwanger würden. Allerlei Lästerzungen fänden dafür allerdings recht handfeste Erklärungen: Man glaube, daß *auch ettwann die starcken bettler darzu... verhelffen / welcher vil darinnen vorhanden.* Aber hier täten die Lästerzungen den Damen unrecht. Pantaleon glaubt zwar auch nicht an Hilfe von oben, sondern an physiologische Wirkungen: Das von unten aufquellende Wasser stärke die Gebärmutter nachhaltiger als andere Quellen: *Also muss ein jeder Acker bereitet*

werden / so den samen entpfahen und hernach frucht bringen solle.

Botschaft aus dem Erdinnern

Wie geraten nun aber die heilenden Zusätze – ob Mineralien oder Metalle – ins Quellwasser? Daß die Wasser während ihres unterirdischen Laufes über Erzadern oder Minerallagern kleine Mengen dieser Substanzen abtragen, scheint uns heute eine genügend einleuchtende Erklärung. Damit wollen sich aber die Mediziner der Renaissance nicht zufriedengeben: Wohl nehme die Flüssigkeit die unterirdischen Substanzen körperlich auf, gleichzeitig werde aber auch deren Geist *(spiritus)* übertragen – also eine Art abstraktes oder homöopathisches Prinzip der jeweiligen Materie. Einige Wissenschafter gehen sogar noch weiter: Sie behaupten, die «corporal vermischten Wasser» besäßen überhaupt keine Heilkraft. Solch irdisch-grobe Flüssigkeit, meint Thurneisser, könne *an keines Menschen Cörper für ein badt gebraucht werden*. Wer sich ihr trotzdem aussetzt, richte mehr Schaden als Nutzen an.

Auch wenn Schwefel oder Eisen nicht nachweisbar sind, lassen sich ihre Eigenschaften im Quellwasser finden, behauptet Paracelsus. Grobe irdische Beimischung sei gar nicht vonnöten, wenn die unterirdischen Katarakte durch die Stätten flössen, wo das Erdinnere seine Mineralien und Metalle «gebäre». Da auch dieser Prozeß den Jahreszeiten unterworfen sei, komme es darauf an, zu welchem Kalenderdatum dieser Kontakt stattfinde. «Unzeitige» Metalle (noch nicht ausgereifte) gäben bloß ihren *spiritus* ab, nicht aber ihre Kraft. Schwefel gilt dabei als ein rohes, «ungedautes» Element, Alaun als irdisch-grobe Substanz, Salz als «irdisches corpus» von verbrannter Materie. Weitere Schwierigkeiten ergeben sich – so immer noch Paracelsus – bei dieser Durchdringung, wenn sich «kältende» und «hitzige» Mineralien vermischten. Dann befinde sich das Wasser in *stethem widerstreyt* und nehme auch Spuren von Marmor, Edelstein, Berggrün, Rost oder Lasur auf, die alle auf die eine oder andere Art die Reinheit der Mischung gefährdeten.

Dies tut aber vor allem gewöhnliches Brunnen- und Regenwasser. Was aus den heiligen Quellen läuft, muß unvermischt bleiben. Der Regen zum Beispiel enthält *feulnis und schleym,* den die Wolken aufgesogen haben; Regen- oder Brunnenwasser *leschen ab der wiltbeder tugent* (Sytz) und «waschen» die heilenden Komponenten «heraus».

Der Destillationsprozeß, der es erlaubt, die chemische Zusammensetzung der Quellwasser zu analysieren, wird erst zu Ende des 16. Jahrhunderts entwickelt. Erst mit Andreas Libavius machen die bunt gemischten Vorstellungen der Quellenpioniere einem einheitlichen System Platz. Dafür nähert Libavius in seiner «Alchemia» (1597) die Bestimmungs-Formeln seinen alchemistischen Vorstellungen an: Hier erscheinen die Wasser aus dem Boden als Kommunikationsträger zwischen Oben und Unten, als Boten zwischen dem Kosmos des Erdinnern und der Menschheit.

Wanne für jedermann: Die Badstube

Massage, Sauna, Shampoo: Das reichhaltige Angebot der Badstube; Titelholzschnitt zu Philipp von Allendorfs «Der Juden Badstub», 1535.

Ähnlich wie die Mineralbäder dienten auch die Badstuben der Städte und Dörfer über Jahrhunderte hinweg als gesellschaftlicher Treffpunkt: Sie waren Coiffeur- und Kosmetiksalon, Sauna, Massage-Club und Liebeslaube in einem. Der Badmeister oder Bader hielt für seine Kunden ein breites Dienstleistungs-Angebot bereit. Wer zum Beispiel um die Mitte des 16. Jahrhunderts in einer der sieben Basler Badstuben einsprach, konnte folgendes Programm hinter sich bringen: Nach dem Ablegen der Kleider wusch er sich mit Lauge oder Brunnenwasser, stieg hernach in das Dampfstübchen, wo er sich mit dem Quest oder Wedel (einem Büschel von Birken- oder Eichenzweigen) peitschte, um die Zirkulation zu verbessern. Hinterher gab ihm der Badknecht eine Massage: das populäre «Reiben». Ein Wannen- oder Gußbad schloß sich an, worauf der Kunde vielleicht noch Kopfwäsche, Rasieren oder Haareschneiden verlangte, allenfalls auch zur Ader ließ oder schröpfte.

Verschiedene Stufen dieses Programms zeigt eine bemalte Glasscheibe aus dem Jahr 1524. Locker bekleidete Badknechte schaffen Wasser aus dem Brunnen im Hof herbei; ein Kunde wartete, bis die sechs Schröpfköpfe auf seinem Rücken «ziehen», ein weiterer bereitet sich, die Füße im Badekübel, auf die gleiche Prozedur vor, während eine Kundin massiert wird. Auf einer Stange harren Badelaken des Benützers; in der linken unteren Bildecke schlägt ein Bursche Rasierschaum, und in der Bildmitte faßt das Wappen der Zürcher Bader und Scherer – gekreuzte Aderlaß-Eisen und zwei Schermesser – die Szene emblematisch zusammen.

Rasur und Kopfwäsche
Für die Wannenbäder standen große Holzbottiche zur Verfügung; Dampfbäder erzeugte man in kleinen geschlossenen Räumen, indem man heiße Steine mit Wasser begoß; für Kräuterbäder schließlich setzte man riesige Töpfe auf, in denen ein Kräuterabsud kochte.

Er hat mich gschoren ungenetzt lautet eine weitverbreitete Redensart der Zeit. Tatsächlich erleichterte man sich das Rasieren erst ab 1500 mit Rasierschaum – ein Trick, den die Reisläufer aus Norditalien mitgebracht hatten. Daß vor dieser Neuerung der Bart in der feuchtheißen Luft der Badstube viel glatter von der Haut ging als unter der trockenen Klinge eines Scherers ohne Etablissement, wird einleuchten – ebenso, daß nach Einführung des segenreichen Schaums Bader und Scherer hartnäckig um die Rasier-Rechte kämpften: ein Punkt, welcher in dem über Jahrhunderte hinweg wuchernden Gestrüpp von Rats- und Zunftverordnungen lange umstritten blieb. – Dem Kunden konnte es egal sein, wer ihm den Bart putzte und das Haupthaar schnitt – Hauptsache, er kam zu seiner wöchentlichen Kopfwäsche. Und dies weniger aus ästhetischen denn aus gesundheitlichen Gründen: Dem Haupthaar am nächsten lag das Gehirn, und viele zeitgenössische Shampoo-Rezepte betonen, die Haarwäsche kläre den Kopf und schütze vor Hauptweh. Am beliebtesten waren Kamillenblüten, die in einer Lauge gesotten oder, fein geschnitten und in Säckchen genäht, in die heiße

*Der Bader als Arzt und seine
Badstube; bemalte Zürcher Glasscheibe, 1524.*

Badknecht mit Schermesser und Kübel, bekleidet mit «bruoch» und Strohhut; Holzschnitt aus Joh. Pryss' «Hortus Sanitatis», 1498.

Lauge geworfen wurden; nötigenfalls setzte man der Kräuterlauge *leüss samen safft* hinzu, das tötete die Läuse und Nissen.

Die Badenden waren nackt oder mit einer kurzen Badehose, der *bruoch,* bekleidet; Frauen trugen mitunter eine Art leinenen Bademantel. Das Haar war mit einem Netz geschützt oder mit einem strohenen Badehut bedeckt. Auch die Badknechte trugen nicht viel mehr als ihre Shorts. Ihnen oblag das Einrichten des eigentlichen Bades, das Herbeischaffen von Wasser und die Reinigung. Über ihnen thronte eine höhere Personalstufe – Spezialisten für das Scheren, Schröpfen, Aderlassen und Wundarznei, die Masseure oder «Reiber», sodaß einem Badmeister bis zu zehn Angestellte unterstanden. Für Reklame sorgte der Badrufer – ein stimmgewaltiger Bursche, der durch die Straßen ging und verkündete, daß «eingeheizt» sei, daß also warmes Wasser bereitstehe. Offenbar tat er das nicht immer mit der nötigen Delikatesse – ein Zürcher Mandat aus dem Jahre 1636 jedenfalls wettert: *Wir wöllent auch das unnötige Badrüeffen am Wienacht Abend verbotten haben.* Verständlich ist auch die Empörung des Kilchberger Antistes Stumpf: Im Jahr 1567 wehrt er sich nachdrücklich dagegen, daß der Wirt des Nidelbades während des Abendmahls im Pfingstgottesdienst die Reklametrommel schlage: Dieser habe *vor dem Tisch des Herrn offentlich ausgeruffen,* wer in seinem Etablissement baden, zur Ader lassen oder schröpfen wolle, solle sich am Pfingstmontag rechtzeitig einfinden.

Kompetenz- und andere Streitigkeiten

In ein eigentliches Niemandsland zwischen Medizin und Kosmetik führt den Bader- und den Schererberuf nicht nur das Handhaben des Schröpfkopfes und des Laßmessers. Mit dem Baden in öffentlichen Stuben war nämlich auch die Behandlung vom Geschwüren und offenen Wunden verquickt – auch dies wieder Anlaß zu jahrhundertelangen Streitigkeiten zwischen den Angehörigen der beiden Berufe, in die sich auch die eigentlich Zuständigen, die Mediziner, mischten. Die Berufsverwirrung zeigt sich bereits auf dem erwähnten Glasgemälde: Zwei Bader in Gelehrtentracht sind damit beschäftigt, eine Urindiagnose zu stellen. Gelehrte Utensilien wie Kneifer, Siegelring, Feder und Schreibzeug sollen offenbar das Berufs-Image aufmöbeln.

Die studierten Ärzte beanspruchten vor allem die Innere Medizin für sich. Wundbehandlung, Chirurgisches überhaupt, traten sie leichten Herzens ab – bis weit ins 18. Jahrhundert lag dergleichen unter ihrer Würde und wurde als «freie Kunst» dem großen Heer von *gütterlin-schreyern,* wandernden Medizinmännern und Scharlatanen überlassen. Kein Wunder, zog man bei Verletzungen aller Art den Bader bei - vor allem auf dem Lande, wo Ärzte dünn gesät waren. Wie Felix Platter 1549 auf dem Eise ausgleitet und sich schwere Gesichtsverletzungen holt, schickt man nach dem Bader, während der unbeholfene Eisläufer auf der Ofenbank wartet.

Difes puchlein saget uns von allen paden die vō natur heiß sein

Männlein und Weiblein nackt in der dampfenden Badstube – ein heikles Kapitel. Und eins, in das wohlmeinende Stadtväter trotz unzähliger Verordnungen keine Ordnung brachten. 1431 nahm man in der Stadt Basel einen gewaltigen Anlauf: Man wollte vor der Welt nicht als zuchtloses Hinterwäldlervolk gelten. *Nachdem das heilige concilium by uns jetzt angevangen ist* gab der Rat im Konziljahr zu bedenken, *und nachdem vil frömdes lutes harkommen wirt*, wolle man dieser unerhörten Sachlage ein Ende setzen – kurz: um Ärgernisse und Mißverständnisse aus der Welt zu schaffen, *han unser Herren rät und meister erkennt, geordnet und wellent, daz wibe und manne hinfür in unser statt nit me by einander noch in einer badstuben baden söllent*. Vielleicht, daß sich die Basler in der Folge eine Weile lang unter den Behördenstab duckten. Jedenfalls gibt es in der Folge «Frauenbader» und «Mannenbader» – der erstere durfte keine Männer in seinem Etablissement dulden, der zweite keine Frauen. Noch 1668 aber vernimmt man vom einem gewissen Johann Gutzwyler, er habe in seinem Basler Betrieb *wyb undt man, gesundt und kranckh* unbesorgt die Badstube teilen lassen.

Natürlich hatte die Kirche schon längst ein Machtwort gesprochen. Bereits 745, anläßlich einer Synode unter dem heiligen Bonifazius, forderten die Kirchenmänner getrennte Bäder für alle. Der Zürcher Chorherr Felix Hemmerli, uns bereits bekannt als aller Tanzerei abholder Eiferer, wollte 1451 allen verheirateten Bürgern, die man beim Gemischtbaden erwischte, die Mitgift abnehmen lassen – auch dies ein Vorstoß ohne Erfolg. Denn noch 1524 ließen sich in Zürich wildfremde Männer und Frauen gemeinsam reiben, schröpfen und scheren, und noch ein halbes Jahrhundert später ärgerte sich der Prediger Ludwig Lavater aufs neue, daß immer noch keine Änderung eingetroffen sei.

Immerhin: Hie und da machte man Zugeständnisse. So ließ die Zürcher Baderolle von 1503 Eheleute und Geschwister zusammen in einer Wanne baden. Andererseits wieder verpflichtete man 1496 die Meister im aargauischen Baden, ihre weiblichen Kunden nur durch weibliches Personal «reiben» zu lassen, also «Reiberinnen» einzustellen.

Vom schlechten Image der Bader

«Reiben» – ein Stichwort, das die Assoziation zu unseren üppig blühenden neuzeitlichen Massage-Salons noch heikler macht. Aber leider läßt sich nicht unter den Teppich wischen, daß die üppig

«wyb undt man» gemeinsam? Oben: Badstube; Holzschnitt des Zürchers Jost Amman, 1560; rechts: Mineralbad mit Geschlechtertrennung; Holzschnitt aus Hans Folz' «Badgedicht», 1480; gegenüberliegende Seite: Hans Sebald Behams «Frauen-Badestube», um 1530.

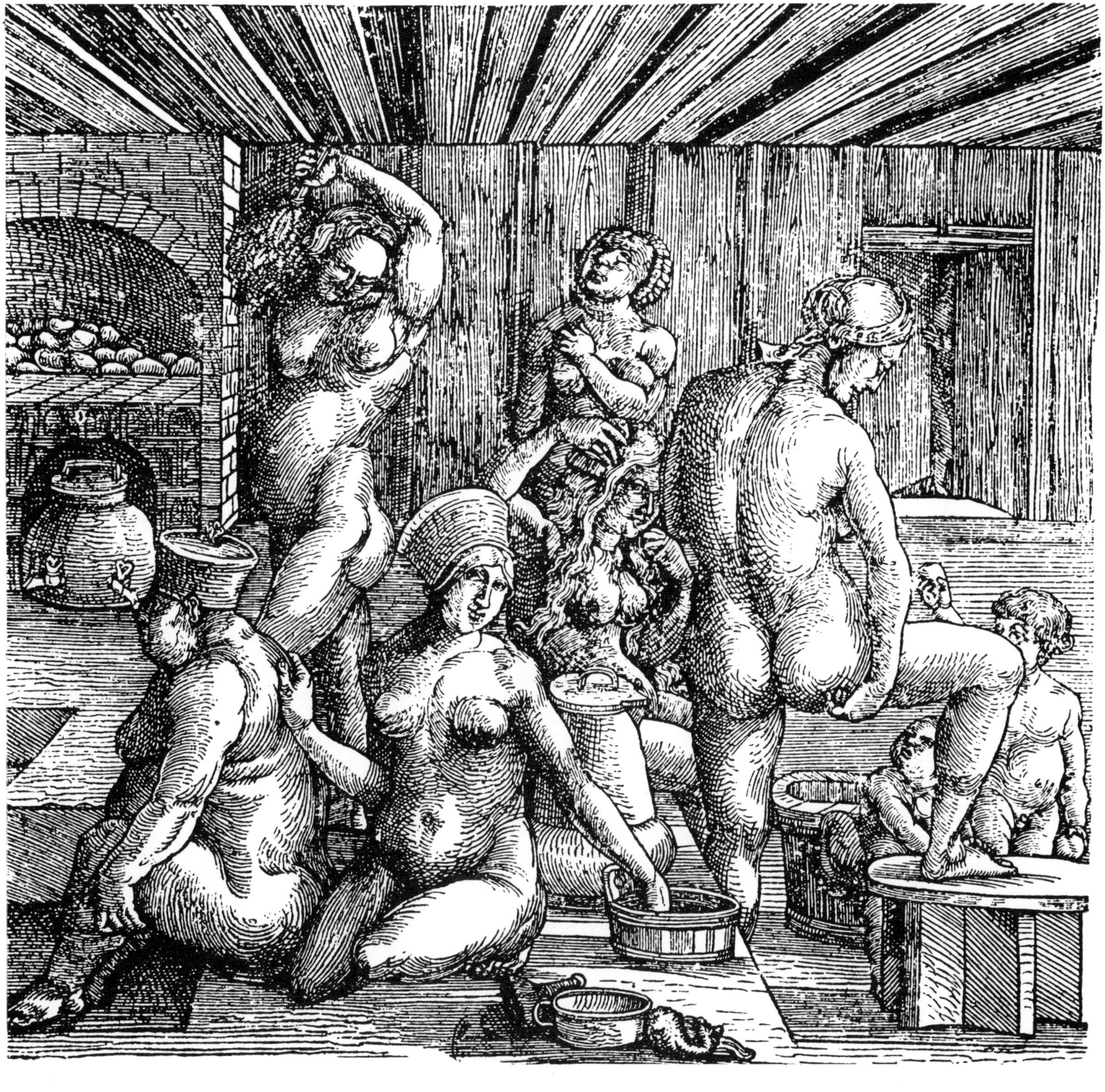

dampfende Badstubenluft, die leichte Bekleidung und die schlüpfrigen Bänke und Wände zu ebenso schlüpfrigen Sitten führten. Schon das Luzerner «Ratsbüchlein» aus dem Jahre 1320 stellt die «offenen Häuser» oder Bordelle gleich neben die Badstuben: In keinem der beiden Etablissements dürften Fremde übernachten; Glücksspiele seien auch hier bei hoher Buße verboten.

700 Schweizer leichte Mädchen – nach anderen Zeugnissen zweimal so viel – pilgerten laut Johannes Stumpf 1415 zum Konstanzer Konzil und gesellten sich dort vor allem zum Personal der Badstuben. Aber auch das weibliche Badepersonal ließ es in vielen Fällen nicht beim Shampoonieren oder Wassertragen bewenden. *rîberin* – also Badreiberin – war in vielen Gegenden ein Synonym für «Hure»; als äußerst verletzendes Schimpfwort galt auch «Quastenbinderin».

Überhaupt: Das Berufsimage der Bader war schwer beschädigt. Sie galten als unehrlich, als übermäßige Trinker (Kaspar Stieler dichtet: *Er izzet als ein mâder / und trinket als ein bader*) und als heillos geschwätzige Kolporteure. Selbst das alte Verb «salbadern» soll auf einen Bademeister zu Jena, einen gewissen «Saal-Bader», zurückzuführen sein, der oft *albern Possen auf die Bahn brachte,* also durch ein loses und unnützes Maulwerk unangenehm auffiel.

Auch Basel machte da keine Ausnahme. Um die Mitte des 15. Jahrhunderts betrieb der Badmeister am Andreasplatz, ein gewisser Konrad Blöchlin, eine gut florierende Kombination Bad–Bordell. Allerdings mußte *frauenwirt* oder Bordell-Chef Blöchlin bald mit ansehen, wie der Rat der Dirnen der Stadt den Wohnsitz entzog: Laut Verordnung von 1480 mußten sie sich «von der Stadt tun» und ihr Quartier auf dem Kohlenberg, in der Maletzgasse oder bei der *spittelschüre* aufschlagen. Der Schritt entlastete vielleicht die städtischen Sittenhüter; die Prostitution aber blühte einfach auf neuem Boden weiter – wenn «blühen» hier das richtige Wort ist. Zum neuen Treffpunkt von Freiern und Dirnen wurde das Badstüblein auf dem Kohlenberg.

Kampf ums Wasser und ums Geld
Immerhin überrascht doch, daß der im «finsteren Mittelalter» geglaubte Berner, Zürcher oder Basler im 14. und 15. Jahrhundert ein regelmäßiger Badstuben-Kunde ist, sich ein-, meistens zweimal pro Woche mit Sauna, Kopfwäsche und Laugenbad pflegt. Aber nützte das viel, wenn der Bader sein Wasser aus trüber Quelle bezog?

Badknechte, Hausfrauen und Gewerbetreibende Basels zum Beispiel holten ihr Wasser während Jahrhunderten aus Kanälen, Teichen und Flüssen wie dem Birsig. Noch im 19. Jahrhundert vertraut man diesen Gewässern jeglichen Abfall an; der Kleinbasler Chronist Lindner läßt zum Beispiel in einem Stimmungsbild die Hausfrauen eines ganzen Quartiers ihre Nachttöpfe im Quartierbach leeren und ausspülen. Am nächsten Morgen rückt der Metzger an und spült im gleichen Wasser die Kutteln und die Därme für die Würste aus. Auch wenn das Wasser aus laufenden Brunnen stammte, war nicht unbedingt für Abhilfe gesorgt. 1585 will der Basler Badmeister Zimmermann seinen Betrieb verkaufen, und zwar mit der Begründung, *dass der mehrheitt wibern ein mächtig abscheuchen haben ab dem wasser, weil erst von des Steblins brunnen abwasser kommt, da allerley ... unrath darin ist.*

Juristische Probleme, wie sie sich rund um die Wasserzuteilung ergaben, kannten die Bader aber auch innerhalb der eigenen Branche. Hartnäckig wogte der Kampf zwischen den Badern und ihren Zunft- und Gewerbegenossen, den Scherern. Vielfach handelte es sich um eine ökonomische Kluft. Im Vorteil waren die Bader,

Schwer beschädigtes Berufsimage. Oben: Schröpfender Bader in einem Basler Etablissement; Holzschnitt aus Pamphilus Gengenbachs «Kalender», 1515. Gegenüberliegende Seite: Immer seltener – der ausgehängte Laubwedel, der «Heißwasser bereit» ankündigt; Titelholzschnitt Allendorf (vgl. Abb. S. 79; Ausschnitt).

die in ihren Stuben den Service mit Handreichungen ergänzten, welche die Scherer für sich beanspruchten: also Wundbehandlung, Rasieren, Schröpfen und Aderlassen. In vielen Fällen zeigte die Entwicklung, daß lange nicht alle Zunftgenossen diese anspruchsvollen Künste beherrschten. Die Nichtskönner schlugen sich deshalb auf die Seite der Bader, wo man auch mit Wassertragen und Putzen ein Unterkommen fand – diese besaßen deshalb ein zahlenmäßiges Übergewicht, das die Scherer immer wieder in die Defensive drängte.

Der Spieß wurde freilich umgedreht, als die Popularität der Badstuben abnahm – dies im Verlauf des 16. Jahrhunderts und als Folge einer Kombination von Ereignissen, die noch zu beschreiben sein werden. Jetzt besaßen die Scherer das technische Know-How, das sich auch ohne eigentliche Residenz anwenden ließ: als ambulanter Barbier oder Erste-Hilfe-Spezialist. Für die Bader aber war im 17. Jahrhundert mit dem Sauna- und Wannenbetrieb nicht mehr viel zu holen – höchstens, daß das Schröpfen etwas Geld ins Haus brachte. Selbst die gutgestellten Zürcher Bader – unser Scheibenriß zeigt sie selbstbewußt als Quasi-Ärzte – kamen auf den Boden der Wirklichkeit zurück, als 1553 eine Verordnung ihnen jegliche Betätigung im Feld der Inneren Medizin untersagte. Der Ausdruck «Bischof oder Bader» – Alles oder Nichts – gewann in der Folge auch für sie tieferen Sinn.

Dies umsomehr, als ihre Tätigkeit offenbar zum Interessenkonflikt mit allen möglichen Erwerbszweigen führte. So kamen sie mit dem Flechten von Badehüten aus Stroh – einer beliebten Beschäftigung für umsatzschwache Stunden – den armengenössigen Pfründern ins Gehege, für die vielerorts der Rat alle Flecht- und Wirkarbeiten reserviert wissen wollte. Im Umgang mit Schleifstein und Messern wohlerfahren (ein Schermesser mußte praktisch nach jeder Rasur neu geschliffen werden), schliffen sie auch wohl einem Kunden das mitgebrachte Küchenmesser und traten damit prompt der mächtigen Schmiedezunft auf die Füße. 1529 plädierten die Zürcher Schmiede, den Badern solle das Schleifen des «großen Geschirrs» untersagt werden – fürderhin war ihnen also verboten, Hellebarden, Schwerter oder Harnische zu schleifen –; zudem durften die Schleifsteine, die sie vor ihren Türen aufstellten, eine gewisse Größe nicht überschreiten. In St. Gallen kam 1488 eine Verordnung heraus, wonach die Bader und Scherer selbst ihr eigenes Werkzeug nicht mehr schleifen durften – ins Fäustchen lachte sich der Schmied, der nebenan einen gutgehenden Schleif-Service anbot.

Umsatztief und Branchenkrise
Solche Querelen lassen aber auch auf eine tiefergehende Verwirrung innerhalb der Branche schließen. So populär die öffentliche Badstube im 14. und 15. Jahrhundert war – etwa zur Reformationszeit setzte eine krasse Baisse ein. Die Zahl der Badstuben sank innerhalb weniger Jahrzehnte drastisch. Noch zur Zeit des Zürcher Bürgermeisters Hans Waldmann erregte die Schließung einiger Badstuben auf dem Lande die Gemüter aufs heftigste (einer der Gründe für den Aufstand von 1489 war die Diskriminierung auf ebendiesem Gebiet). Bereits ein Jahrhundert später war die Nachfrage drastisch gesunken; die einzige Badstube der Stadt Winterthur hatte Mühe, Kunden zu finden. Ebenso auf der Berner Landschaft: Um 1500 besaß praktisch jedes Dorf eine Badstube, zu Beginn des 17. Jahrhunderts läuft alles in die Mineralbäder. Die Stadt Basel zählte um 1400 16 Badstuben. Zur Zeit der Reformationskriege waren es noch deren 7; um 1750 zählte man 6 und um 1805 nur noch eine einzige. Ähnlich die Zahlen für Zürich, wo man um 1400 zwischen fünf Betrieben aussuchen kann

uns um 1700 gerade noch zwei Badstuben findet.

Woher der plötzliche Einbruch in einem Gewerbe, das sich durch strenge Zunftverordnungen und behördliche Maßnahmen vor Konkurrenz schützte? (1425 hatte sich der Erbauer der Winterthurer Badstube ein absolutes Monopol gesichert; jeder Konkurrent, der eine zweite Stube eröffnen wollte, mußte mit einer Buße von 80 Mark Silber rechnen; ähnlich der Aargauer Johannes Oltinger, der 1343 vom Badener Rat das Monopol für seinen Betrieb zugesichert bekommt.)

Der Gründe sind viele. Da ist einmal die Konkurrenz durch die Mineralbäder, die ab 1550 überall wie Pilze aus dem Boden schießen. Dann hat sich der Ruf des Bader-Gewerbes dermaßen verschlechtert, daß sich ein wohlbeleumdeter Bürger nicht mehr in die – auch im redensartlichen Sinn – schlüpfrigen Lokale wagt. Beide Bedenken werden aber zwerghaft klein gegenüber den Auswirkungen der großen Pest- und Syphilis-Epidemien des 16. Jahrhunderts. Für Basel registriert Stadtarzt Felix Platter in seiner Autobiographie nicht weniger als sieben *regierende pestelentzen oder sterbendt,* in knapper Folge zwischen die Jahre 1539 und 1611 fallend, überschattet vom großen Pestzug des Jahres 1563, *das gross sterbendt* genannt. «Überflüssiges und hitzigendes Schweißbaden» wurde von den Ärzten in diesen Pestzeiten entschieden widerraten; wer schröpfte oder zur Ader ließ, solle darauf achten, daß die *humores nicht vast bewegt werden* – daß die Balance des Körperhaushalts also nicht zu stark verändert werde. Der Basler Arzt Pantaleon warnt 1564 vor der Übertragung durch Drittpersonen: Ein Badegast sei an sich völlig wohlauf, bringe in die Badstube aber vielleicht *etwas mit jm ... das einer anderen complexion verderblichen ist.* Vor allem aber vermöge die «böse Luft» durch die während des Dampfbades erweiterten Schweißporen einzudringen.

Noch größeren Umsatzrückgang brachte den Badern aber die 1495 erstmals in der Eidgenossenschaft auftretende Syphilis. Wir wissen es: Das unheimliche Tempo, mit dem sich die «Franzosen» verbreiteten, nötigte schon ein Jahr später die Tagsatzung zu Luzern, den an *bösen bloteren* Erkrankten den Besuch von Kirchen, Wirtshäusern, Bädern und Badstuben zu verbieten. Laßeisen und Schröpfmesser, Ventousen und Schermesser übertrugen die Krankheitskeime in den Badstuben mit erschreckender Präzision; im Volksmund hieß es sogar, nur die Badstuben-Besucher würden an der Lustseuche erkranken.

Natürlich galten alle diese Einwände auch für die Mineralbäder. Wenn sich hier zur Zeit der großen Pest- und Syphilis-Epidemien kein massiver Rückgang zeigte, so deshalb, weil man den Quellen göttlichen Ursprung zuschrieb und jegliche Ansteckungsgefahr leugnete. Auch ließen die offen zutageliegenden Bäder eine bessere Kontrolle darüber zu, ob bereits Infizierte das Besuchsverbot durchbrachen; in den düsteren und dampfigen Zimmern der Badstuben war dies um einiges schwieriger.

Nicht genug der Handicaps für die geplagten Bader: Zu Beginn des 16. Jahrhunderts stiegen auch die Holzpreise massiv an – eine Folge des jahrhundertelangen ungehemmten Schlagens der Forstbestände. In vielen Städten hatte nämlich der Bader das verbriefte Recht, das nötige Holz für Bau- oder Heizzwecke ohne Entgelt zu fällen. So durften die Berner Bader im 16. Jahrhundert ungeniert Eichen im Staatswald schlagen, wenn sie Holz zum Einfeuern oder für Badkästen brauchten.

Ein Teufelskreis entwickelte sich: Da das Holz teurer wurde, stiegen die Badpreise an, was wiederum zum Besucherrückgang führte – der Bader aber mußte einheizen, ob nun viel oder wenig Gäste in seiner Stube saßen. Um 1500 geben die Basler

Zweimal die skandalöse Dreieck-Geschichte um Dr. Moser. Oben: *Aquarell aus der Sammlung des Zürcher Chorherrn Wyck;* nächste Seite: *Titelholzschnitt zu einem zeitgenössischen Liedblatt.*

Bader ein Gesuch ein, in dem sie beim Rat *umb Steigerung Badgellts suplicieren:* Eine «Weibsperson» solle, so schlagen sie vor, in Zukunft einen Schilling zahlen, wenn sie schröpfen lasse; bloßes Baden ohne Schröpfen solle auf acht Pfennig angesetzt werden. Für Kinder kommt ein ausgeklügelter Preissatz in Vorschlag: Fünfjährige sollten sechs, Drei- bis Vierjährige vier Pfennig zahlen, *undt eines so darein gedragen wirdt, sole Zween Pfenning zu bezahlen ... schuldig sein.* Wir erinnern uns: Ein Maurer- oder Zimmergeselle verdient zu dieser Zeit fünf bis sieben Schilling (à 12 Pfennig) im Tag, sein Meister acht bis zehn Schilling; eine Mahlzeit kostet zehn bis zwölf Pfennig, ein Pfund Rindfleisch je nach Saison sieben bis zehn Pfennig, während man für das Pfund Butter zwischen einem und zwei Schilling auf den Ladentisch legt. Ein Eintrittspreis von acht Pfennig entspricht also dem Stundenverdienst eines Meisterknechts oder Gesellen; heutige Sauna-Eintrittspreise liegen durchaus im vergleichbaren Rahmen.

Wie immer der Entscheid des Rates ausfiel, ein letztes Handicap – vielleicht das ausschlaggebende – versetzte dem dahinsiechenden Gewerbe den Todesstoß: der wachsende Widerstand der Ärzte gegen Schröpfen, Schwitzbad und Aderlaß. Immer mehr setzte sich um 1700 die Erkenntnis durch, daß die als Allerwelts-Therapie gepriesene regelmäßige Blutentnahme den Körper in vielen Fällen schwächte. Ein immer ausgeprägteres Prestige-Denken der Ärzte, das sich gegen die Heilkünste ihrer «minderen» Kollegen wandte, mag dieses Veto noch verstärkt haben. – Immerhin: Die verzweifelnden Bader und Scherer hatten ja ein probates Mittel zur Hand, um sich von quälenden Gedanken zu befreien. Das Trockenschröpfen in der Scheitelgegend, so hatten sie immer wieder behauptet, half gegen Depressionen: *uff das houpt setzt man ein ventouss wider greulich zwüfel der Gedanken.*

Amor in der Wanne

Man hat von gefährlichen Stürzen in der Badewanne gehört, auch von Unglücklichen, die ihre Sauberkeitsliebe mit dem Leben bezahlten, wenn sie sich in der milden Lauge wohlverdientem Schlummer überließen. Im Bade zu Tode gebürstet wurde aber wohl nur einer: der Doktor Moser aus Zürich, der an einem schönen Tage des Jahres 1530 seine Geliebte in Konstanz besuchte. Nur schade, daß die lebenslustige Kaufmannsfrau einen ebenso mißtrauischen wie rachedurstigen Gatten ihr eigen nannte. Der gehörnte Ehemann, dem wohlmeinende Nachbarn vom wiederholten gelehrten Besuch bei seiner Frau erzählt hatten, war für reinen Tisch. Mit einer Spezialanferti-

Ein schöns Lied der Strygel genandt, vnd ist inn des Lindenschmidts Thon zusingen.

Ein ander Lied, Freündtlicher grüß, mit büß/2c.

gung – einer extraborstigen Badebürste, sonst «Striegel» genannt – drang der Wutschnaubende in seine Privat-Badestube ein, wo der gelehrte Liebhaber und die offenbar vernachlässigte Kaufmännin Imbiß und Badewasser teilten. Erbarmungslos striegelte er den Doktor Moser zutode – ein Vorfall, den in der Folge zahllose Bänkellieder in allen Details schildern. Auch zeitgenössische Illustrationen zeigen den blutüberströmten Moser – der besseren Kenntlichkeit halber auch im Bad mit Doktorhut bekleidet –, wie er mit heftiger Gebärde gegen eine Strafe protestiert, deren Anlaß ihm geringfügig genug scheinen mag. Dafür geht sein Name in den unsterblichen «Gargantua» des Johann Fischart ein: *o bad gestrigelter doctor von Costentz!* lamentiert der Dichter, den Doktor dergestalt wenigstens zu den Märtyrern der Freien Liebe versammelnd.

Zweierlei lehrt die blutige Mär: Hoch und nieder richtete sich, wo immer es ging, eine private Badstube ein; Eros und die seifigen Künste des Bades gingen aber auch hier Hand in Hand. Wer stichhaltigeres Beweismaterial verlangt, sehe die Geschichte des Klosters zu Töss durch: Wenn ausschweifende Sitten sich selbst hinter den frommen Mauern ausbreiten, wie muß es dann mit der Moral beim einfachen Volk bestellt sein? Jedenfalls nimmt ein Zürcher Ratsbeschluß vom Jahr 1523 recht viel gesetzgeberische Zeilen in Anspruch. Er gebietet der Priorin und den Ratsfrauen des Klosters, in Zukunft für mehr Sauberkeit zu sorgen. Gemeint ist allerdings nicht die kaum zu tadelnde körperliche Reinheit der frommen Frauen – vielmehr sind dem Rat Geschichten von als Frauen verkleideten Buhlern zu Ohren gekommen, die man zur feuchtfröhlichen Party ins Badstüblein des Töss-Klosters lud – selbst die Nachbarschaft ärgert sich über das laute Geschrei und die *liechtfertigkeit und zerstörung guots wesens*.

Badestuben für Geistliche und Laien

Die festbesoldeten Beamten gingen mit dem guten Beispiel voran: Wenn auch auf Kosten der Behörde ließ sich mancher Pfarrer im 17. Jahrhundert die eigene Badstube mauern. So wies das evangelische Pfarramt zu Aadorf diese begrüßenswerte Neuerung ab 1610 auf; als 1619 die Aarwanger ein neues Pfarrhaus bauten, versahen sie den Neubau ebenfalls mit heizbarer Badestube.

Wie der Hirte, so die Herde. Mangelnde Subventionen ließen die Bauern energie- und raumsparende Lösungen finden, wobei zum Beispiel die Nordostschweizer Bauern mit ihren «Brotbädern» Geselligkeit, Gesundheit und Energieausschöpfung kombinierten. Solche «Schwitzbädchen» oder Mini-Saunas fand man sowohl beim Dorfbäcker wie über dem privaten Backofen – aus Wetzikon im Zürcher Oberland werden noch für die Mitte des letzten Jahrhunderts zwölf solcher Stuben gemeldet. Meist lag der Baderaum direkt über dem Backofen – ein finsteres Verlies, das aber ringsum mit Bänkchen versehen war. Manchmal leitete der Bauer die Heißluft aber auch durch ein Metallrohr einen Stock höher, wo ein ähnliches Kabinett der Hausgäste harrte. Diese entkleideten sich in einer Vorkammer, traten nackt oder im Hemd in den Baderaum und setzten sich reihum auf die Bänke. Ganz verschiedene Essenzen machten die Sauna zu einem exotischen Erlebnis: Öffnete der Bauer oder Bäcker ein Ventil in der Röhre, so strömte heißer, duftender Backdampf in die Kammer. Oder goß er ein Glas Essig in den Backofen, so war vom einem «Essigbad» die Rede; dörrte man Hafer im Backofen, so erhielt man ein «Haferbad». Noch 1871 schwärmt der Zürcher Historiker Jakob Senn: *Man muss jene rotbackigen, redseligen Weiblein nach dem Brotbade hinter dem Wirtstische gesehen haben, um sich von der Wichtigkeit einer solchen Kur überzeugen zu können.*

Denn auf labende Tranksame wollten auch die rotbackigen Bauernfrauen nicht verzichten. Zum Brotbade gehörte ein Schoppen Wein, den der Bauer hinterher in seiner Stube reichte oder mit dem der Bäcker sich für die geringen Eintrittspreise (Mitte der 1850er Jahre bezahlte man zehn Rappen) schadlos hielt.

In der Regel handelte es sich hier um Schwitzbäder, auch wenn manche Zeugnisse von anschließender Reinigung in einer Wanne sprechen. Vielleicht kann sich deshalb diese Einrichtung auch so lange halten – in jedem anderen Fall hätten die Bader energischen Einspruch erhoben. Jedenfalls führt Badehistoriker Alfred Martin Zürcher Oberländer Gewährspersonen an, die noch um 1880 solche halbprivaten, der Gesundheit ebenso wie der Geselligkeit dienenden «Schwitzbedli» besuchen. Schon für 1645 bezeugt ein Zürcher Ratserlaß, die Bäkker dürften wohl eine Backofen-Sauna errichten, daraus jedoch keinen Gewinn ziehen: *dass den becken zu statt und land, ihre nachbarn und kunden in die vom brothbachen erwärmten badstüebli zulassen erlaubt sey, jedoch sie keinen lohn von inen nemmen, noch ihnen schrepfen sollen.*

Als ebenso sparbewußt wie die Bauern erweisen sich die geistlichen Damen und Herren der Klöster. Während Jahrhunderten lag im Kloster St. Gallen das Bad bei der Küche: Man teilte sich in ein- und denselben Ofen. Unter Abt Ulrich VIII. wurde den Pfistern (also den Bäckern) eingeschärft, sie dürften keine Fremden in der Pfisterei einsitzen lassen, und zwar *weder mit baden, weschen noch anderem.* Nach einem Plan aus dem Jahre 1687 zeigt auch das Kloster Tänikon im Thurgau ein polyvalentes Back- und Waschhaus, das als Schwitzbad benützt wurde, während an der äußersten Grenze der Klausur ein Bade- und Waschhaus stand. Zum Backofen also die Sauna, zur Wäscherei die Badewanne: So war man auf dem neuesten Stand.

Bademobiliar und geniale Lösungen

Die Bütte oder Wanne, die als wichtigstes Utensil im Stüblein des Bürgers oder des Bauern stand, war aus Holz, meist grob gefügt und nicht allzu schwer – *bädlen, die man hin und wider tragen mag.* Das heiße Wasser lieferte der mit Holz befeuerte Back- oder Kachelofen, in den oft ein kupferner oder zinnener Kessel eingemauert war. Solche Kessel waren oben mit Deckeln, unten mit «Reiben» versehen – aus letzteren, einer Art Hahn, ließ man das Wasser ab. Waren die Badewannen aus Kupfer – meist aus großen Blechstücken zusammengenietet –, so sprach man von «Badscheffeln». Das Siegel der Stadt Baden, bereits im 14. Jahrhundert bekannt, zeigt eine viereckige flache Bütte, die zwei Personen bequem Platz bietet. Auch der für die Nachwelt festgehaltene Doktor Moser sitzt in einem generösen Zuber, der bequem vier Perso-

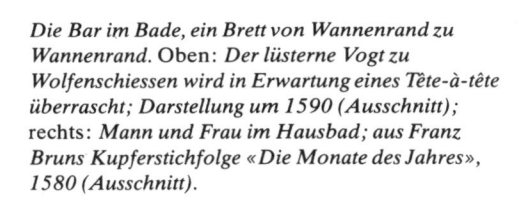

Die Bar im Bade, ein Brett von Wannenrand zu Wannenrand. Oben: Der lüsterne Vogt zu Wolfenschiessen wird in Erwartung eines Tête-à-tête überrascht; Darstellung um 1590 (Ausschnitt); rechts: Mann und Frau im Hausbad; aus Franz Bruns Kupferstichfolge «Die Monate des Jahres», 1580 (Ausschnitt).

90

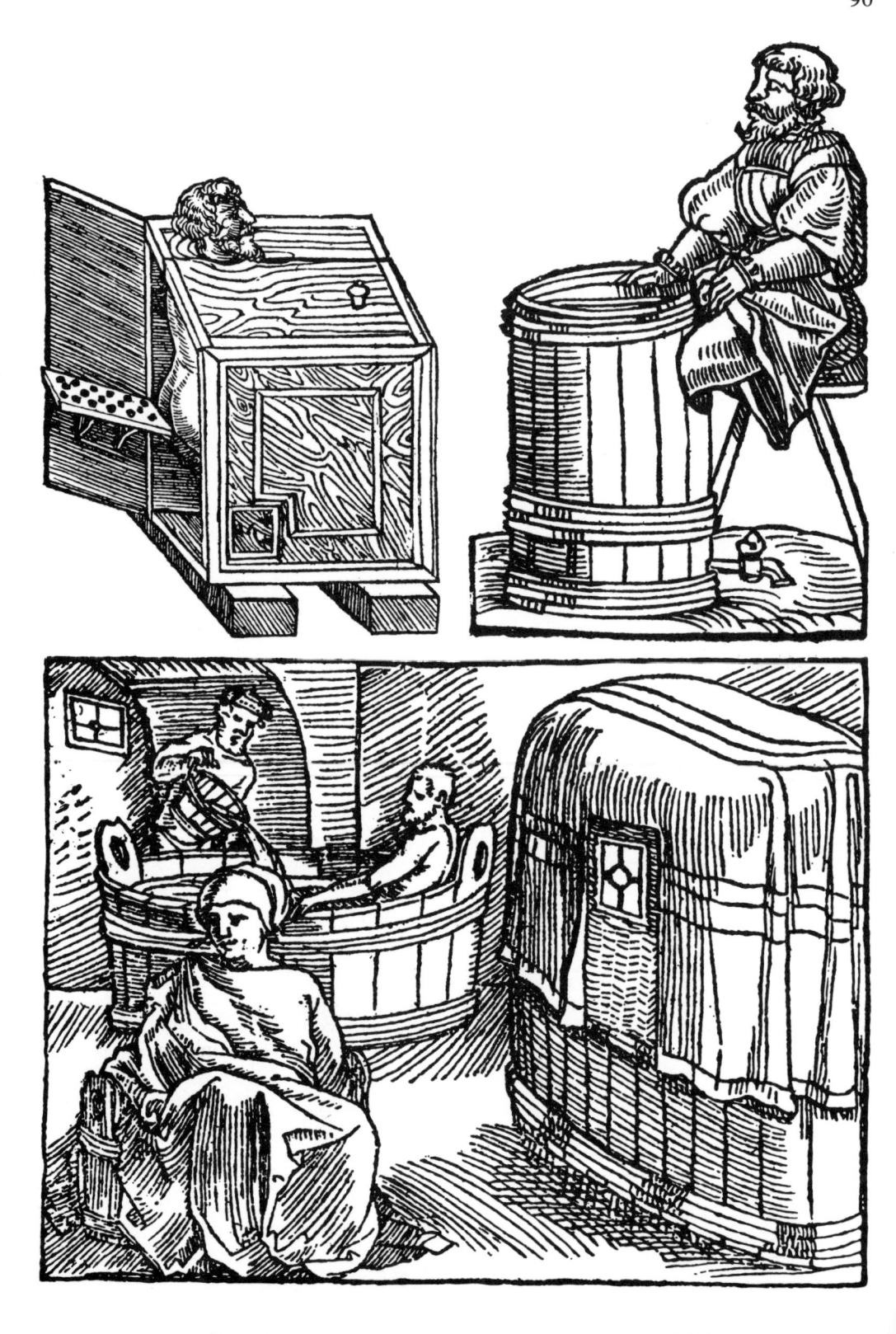

nen Platz böte. Ein kleiner runder Tisch in Griffnähe deutet in seinem Fall an, daß die Verpflegung – hier als Teller und Becher stilisiert – außerhalb der Wanne eingenommen wurde. Vielfach aber legte man ein Brett von Wannenrand zu Wannenrand und stellte die Kannen und Schüsseln darauf – so in einem Kupfer von Franz Brun aus dem 16. Jahrhundert, so auch in einer gleichaltrigen Darstellung des Strafgerichts am Vogt von Wolfenschießen.

Was die öffentlichen Badstuben als «Kräuterbad» anboten (das Untere Bad in Zürich hieß *krûtbad;* das Basler Haus *zum Fröwlîn* war eine Kräuterbadstube), das leistete sich der Bürger auch zuhause. Und nicht nur, wie dies 1519 der St. Galler Bürgermeister von Watt empfiehlt, als Prophylaxe gegen die Pest, sondern aus kosmetischen Gründen und dem allgemeinen Wohlbefinden zuliebe. Viel braucht es nicht dazu: Mit einem «verdeckten Zuber» und ein paar heißen Steinen improvisiert man eine Mini-Sauna und gießt einen Kräuter-Absud auf. Viele Wannen und Bütten dieser Zeit entpuppen sich bei näherem Zusehen als Vorrichtungen für eine solche Heimsauna: Vielfach gehören Schemel zum Sitzen und Schemel für die Füße dazu. Unter den Sitzenden gießt man das kochende Wasser direkt in die Wanne; durch vielerlei Vorrichtungen erreicht man, daß der Dampf nicht allzuschnell abzieht: Man bedeckt die Wanne mit einem kleinen Dach aus Stroh oder aus Schindeln; man stülpt zwei Wannen aufeinander und sägt in den Boden der oberen ein Loch für Arme und Kopf. Einfachere Vorrichtungen operieren mit einer Art Stangenzelt oder einem über der dampfenden Wanne ausgebreiteten Teppich.

Als neueste Mode stellt Ryff 1549 ein transportables Hausbadstüblein vor. Es hat die Form eines kleinen Schrankes und ist aus dicken Brettern gefertigt. In einen Doppelboden, über dem der Badende sitzt, schiebt man glühendheiße Steine, glühendes Eisen oder Schlacken; gleichzeitig erzeugt man in einem Topf Kräuterdämpfe und leitet sie per Schlauch zu. Der Badende reguliert die Temperatur, indem er nach Belieben eine Anzahl von Löchern im Deckel mit Zapfen verschließen kann oder offen läßt.

Diese als Dampf- oder Heißluftbad populäre Einrichtung findet überall ihre Parallelen. Darunter sind volkstümliche Versionen wie das «Fässlischwitzen», das in der Schweiz bis ins letzte Jahrhundert beliebt bleibt. Hier stellte der Bauer ein leeres Salzfaß mit dem Boden nach oben auf drei Mauersteine in der Küche. Mit dürrem Wacholderholz, das nur wenig Rauch erzeugt, feuerte er unter, bis die Hitze im Faß auf dem Höhepunkt angelangt war. Das umgedrehte Faß brachte er hierauf in ein gemütlicheres Zimmer, setzte sich auf einem Stuhl darein und deckte die obere Öffnung mit Tüchern zu, um die Wärme zu bewahren. Varianten dieser ingeniösen Lösung: Man legte heiße Steine in den Faß-Fuß und übergoß sie mit einem Kräuterabsud; man setzte sich, mit einem weiten Mantel bewehrt, über ein Becken, in dem Kräutertee dampfte.

Ganz selten begnügt sich der einfache Mann mit einem Schwitzbad im Backofen selbst. War das Brot herausgeholt, so setzte sich der Patient, mit Schemel oder Bank ausgerüstet, in den düsteren Hohlraum. Die fast unerträgliche Hitze sollte vor allem vom Rheuma befreien. Bereits Guarinonius (1610) berichtet aber von Fällen mit unglücklichem Ausgang – die Kombination von Dunkelheit, Hitze und Sauerstoffmangel mag hier verantwortlich sein.

Manche Heilungsbeflissenen ersetzten sogar die Kur im Mineralbad mit einer Hauskur und reicherten gewöhnliches Brunnenwasser mit Mineralien und Kräutern an. 1528 schreibt Hans Stockar aus Schaffhausen, er habe im eigenen Haus 33

Wie verhindert man die heilenden Dämpfe am Entweichen? Gegenüberliegende Seite oben: *Transportable Heim-Saunas; um 1550;* gegenüberliegende Seite unten: *Lösungsvorschläge aus Laurentius Phries' «Badenfahrt», 1540;* oben: *Variante aus dem Frontispiz einer Langenschwalbacher Monographie, 1631.*

Tage lang gebadet und einen schönen Ausschlag erzielt. Stadtarzt Felix Platter hoffte, den Aussatz mit Kräuterbädern im eigenen Haus zu bekämpfen. Auch hier hielt man, wie im Mineralbad, unsinnige Badezeiten ein: Bis zu acht Stunden täglich im warmen Kräuterabsud, dazwischen noch Sitzungen im Dampfbad.

Ob man nun direkt in den Absud stieg oder bloß seine Dämpfe auf sich einwirken ließ – die Beigaben waren oft abenteuerlich. Pictorius erwähnt 1560 Bäder von Baumöl, Milch, Molken, Wein oder Öl, in denen mitunter auch ein Fuchs oder Dachs mitgesotten wurde; Pantaleon schlägt, wie bereits erwähnt, Wasserbäder vor, *so ab Kalbsköpfen und füssen gesotten.*

Trotz solcher medizinischer Spezialitäten darf man nicht vergessen, daß das Hausbad auch ein Ort der Geselligkeit war. In die hauseigene Badestube lud man gerne gute Freunde: Hatte der Besuch angeklopft, so ließ man ein Dampf- oder Vollbad anrichten und ein *Kändele oder drey, vier Wein* auffahren (so jedenfalls Guarinonius). Rann der Schweiß und floß der Wein, so fehlte selten ein fröhliches Lied – eine Kombination, von der noch heute mancher Badewannen-Tenor zeugt, und an der nicht nur die Akustik gekachelter Wände schuld trägt.

Balneologischer «tour d'horizon»: Quellen und Bäder der Schweiz

Trotz ewigem Schnee heiße Quellen: Allegorische Entdeckungsszene, 1631.

Den Winterthurern floß aus einer goldschimmernden Felswand das Wasser fürs «Goldbad» zu; in Nuolen am Zürichsee munkelte man über Jahrhunderte hinweg von einer wundertätigen «blauen Quelle», die durch Mutwillen und mangelnde Frömmigkeit verlorenging. Blau und golden – das tönt nicht nur sehr poetisch. Als sakrale Farben zeugen sie auch von der Ehrfurcht, die im Ewigen Schnee der Alpen und Gletscher ein eisiges Paradies sah, als dessen geläutertes Produkt die Quellen – und vor allem die Thermen – galten. Noch der aufgeklärte Chronist Simler (1574) empfindet es als Fingerzeig des Himmels, «daß in den gleichen Bergen, deren Gipfel ewiger Schnee bedeckt, warme, für den Menschen heilsame Wasser entspringen». Prähistorische Funde bei einzelnen Quellen weisen auf Benutzer in unbekannten Vorzeiten hin. Die römischen Legionen, die in den ersten Jahrhunderten unserer Zeitrechnung das Alpengebiet besetzt hielten, faßten eine ganze Anzahl weiterer Quellen. In der Neuzeit ereignet sich zweimal ein eigentlicher Quellen-Boom: Zwischen 1550 und 1600 werden in Voralpen und Alpen fast jedes Jahr neue Wunderbrunnen entdeckt; ab 1830 – zur Zeit der ersten Touristen und des beginnenden Kurbetriebs – kommen nochmals mehrere Dutzend hinzu. Der Balneologe Conrad Meyer-Ahrens, der 1867 einen dickleibigen eigentlichen Heilbäder-Baedeker der Schweiz schreibt, zählt über ein halbes Tausend eidgenössischer Quellen auf, die zu seiner Zeit oder laut historischem Zeugnis Heilungsuchende anzogen. Im 16. und wiederum im 19. Jahrhundert wird die Schweiz zum eigentlichen Bäderzentrum Europas, wobei die Entdeckung jeder neuen Quelle zu einem Ansturm von Wundergläubigen, aber auch von Scharlatanen und Geschäftemachern führt. Solange die touristische Infrastruktur dem Zulauf noch nicht gewachsen ist, sieht es an solchen Orten wie in einer Goldgräberstadt des Wilden Westens oder – zeitgenössischer – wie in einem hastig errichteten Heerlager aus. So schreibt der Luzerner Chronist Cysat über den Run auf das eben entdeckte Luthernbad im Jahre 1583:

Allso habend die guten lütt ... wöllche in der Badhütten nit Platz finden mögen, jn das feld under dem heitern Himmel ghuset, Hütten gemacht, von Gestüd, Geflecht, von Tann- und Laubesten ... wie sy gmögen, dass sy bloss Schatten und Schärmen hattend, und anstatt der Badkästen liessend sy jnen Standen, Zuber und Büttinen zuefüren. Ich hab selbs zellt 106 dieser Badstanden und Büttinen. Da warend dann Marketenden und Garkuchen. Und liess sich die Sach nit anderst ansehen, dann wie in einem Kriegsläger.

Vom Rigi-Kaltbad zum Entlebuch: Die Zentralschweiz

Beginnen wir unseren balneologischen Streifzug durch das Bäderland Schweiz gleich hier, im Herzen der Eidgenossenschaft. Nur wenige Badeorte der Zentralschweiz konnten sich freilich aus diesem improvisierten Feldlager-Status zum soliden Kurzentrum empormausern; gerade das obenbeschriebene Luthern hielt sich trotz des gewaltigen Anfangserfolges nur schlecht und recht über ein Jahrhundert hinweg; wer um 1860 dort einsprach, erhielt gerade noch eine dem Wirtshaus angeschlossene schäbige Badehütte zugewiesen.

Rotzloch, am Ufer des nach Alpnach führenden Armes des Vierwaldstättersees gelegen, hatte seine Blüteperiode hingegen gerade zu dieser Zeit. Der Innerschweizer Tourismus-Pionier Blättler, der die Pilatusbahn und mehrere Berggasthäuser begründete sowie zwei eigene Dampfschiffe betrieb, profitierte hier vom Ruf der alten alkalischen Schwefelquelle und ließ ein aufwendiges Kurhotel bauen.

Der Rigi, als absolutes touristisches *must* der frühen Dampfschiffzeit, konnte gleich mit zwei Heilquellen aufwarten. Diejenige auf Scheidegg hatte bereits zu Ende des 16. Jahrhunderts ein kräutersammelnder Pater entdeckt. Während der viktorianischen Bäder-Hausse führte man das eiskalte Wasser jeden Morgen um sechs Uhr in eine Trinkhalle, wo mitunter 200 Gäste auf das wunderwirkende Naß warteten. Wer die Kur mit Milch ergänzen wollte, war ebenfalls versorgt: Der Wirt ließ allmorgentlich Kühe und Ziegen in den Hof der Trinkhalle treiben, wo direkt in die Gläser der Gäste gemelkt wurde: So ging nach damals brandneuen wissenschaftlichen Erkenntnissen kein einziger Wirkstoff verloren. Rigi-Kaltbad mit dem uns bereits bekannten Schwesterborn erlebte ebenfalls eine erstaunliche Karriere. Noch um 1680 pilgerten Kranke zu der eiskalten Quelle und ließen sich dreimal untertauchen, was offenbar gegen Wechselfieber und Nervenleiden half. Um 1800 entstand ein erstes Kurhaus, das 50 Jahre später abbrannte und durch eine weitläufige Anlage ersetzt wurde, die mit Trink- und Badehallen aufwartete. Vom Eintauchen ins eiskalte Quellwasser war jetzt nicht mehr die Rede. Eine Leitung führte das Heilwasser zum Kurhaus, wo es erwärmt und auf Wannen in acht Badegemächern verteilt wurde.

Bad Farnbühl, westlich von Luzern, verdankte seine Entdeckung wie viele andere Quellen dem Instinkt eines Tieres. Einer Sage zufolge wurde ein nahegelegenes Stück Land als Pferdeweide benützt; in grauer Vorzeit vermißten die Hirten verschiedentlich ein bestimmtes Pferd, das an einem Bein lahmte. Schließlich kam man der Sache auf die Spur: Das Tier tauchte täglich während mehreren Stunden in einem natürlichen Quellteich unter und genas erstaunlich schnell. Schon im 16. Jahrhundert benützten auch die Hirten das heilende Wasser. Später entstand das mit einem Kurhaus kombinierte «Bedli», das zur Gründerzeit (1863) in ein eigentliches Kurgebäude umgewandelt wurde.

Ganz ähnlich beginnt die Geschichte des unterwaldnerischen Schwendi-Kaltbads. Hier war es ein verwundeter Hirsch, der unter den Augen einiger erstaunter Ziegenhirten täglich in einer bestimmten Quelle badete und bald von seinen Verletzungen genas – auch hier schlossen sich die Bewohner dem Experiment an. Im abgelegenen Hochtal entstand erst ein kleines Hüttendorf. 1732 erhielt eine

Genossenschaft «von unseren gnädigen Herren und Oberen» in Stans die Erlaubnis, das Wasser zu erwärmen und Eintritt zu verlangen. Obwohl die Zufahrt gerade für Kranke äußerst beschwerlich war, zählte man bereits um diese Zeit eine Jahresfrequenz von 2000 Gästen. Um 1800 sah die Unterkunft noch nicht viel besser aus: Gegen 20 Badegäste konnten sich in drei rohgezimmerte Tröge in einem kellerähnlichen Raum teilen; mit ärztlichen Ratschlägen wartete der Pächter auf. Trotzdem ging die Kunde von erstaunlichen Heilerfolgen; Gemeindeärzte und Sanitätsräte des Kantons plädierten für eine Erweiterung, sodaß auch hier in den 1860er Jahren ein stattliches Kurhaus entstand.

Die Entlebucher besaßen ihr eigenes «Bedli» im Schimbrigbad, wo – ebenfalls seit undenklichen Zeiten – eine alkalische Schwefelquelle mit Schwefelnatrium floß. Ärzte der Gegend schworen auf ihre Wirkung. Um 1800 verschrieb der Luzerner Stadtarzt Dr. Elmiger das Wasser seinen Patienten, und dies, wie Badehistoriker Meyer-Ahrens anmerkt, «mit sehr günstigen Erfolgen». Beim gleichen Chronisten steht auch vom Neunkirchner Arzt Dr. Köpfli zu lesen, der sich regelmäßig «ganze Körbe voll Flaschen mit Schimbrigschwefelwasser kommen ließ», und, wie der Autor beifällig bemerkt, erst «in hohem Greisenalter in Amerika» starb.

Um rund 50 weitere Quellen ließe sich die Innerschweizer Liste verlängern. Keines der Bäder in den Urkantonen und in Luzern oder Zug gelangte aber je zu Weltruf. Ob wie im Wylerbad (UW) eine behelfsmäßige Unterkunft mit acht Wannen errichtet wurde oder, wie im Falle der Schwefelquelle von Realp (UR), ein schwach nach Schwefel riechendes Wässerchen aus einer grasreichen Wiese quoll und von den Bauern gelegentlich bei Verstopfung aufgesucht wurde – die Wirkung bleibt lokal beschränkt, so sehr auch einige Anwohner die Wunderkräfte rühmen. Die Entdeckungsgeschichten reichen vom Blumig-Bunten bis zum Prosaischen. So soll ein fahrender Schüler der Magie namens Magister Leopold 1414 die Heilquelle von Unterschächen (UR) entdeckt und dann aus lauter verstockter Bosheit wieder zugeschüttet haben. Bestimmt nichts Böses im Sinn hatte ein gewisser Hauptmann Schuler, der um 1720 im Keller seines Wohnhauses bei Seewen (SZ) nachgrub, weil er seinen stets feuchten Kellerboden trockenlegen wollte. Beim Schaufeln sprudelte ihm plötzlich eine gewaltige Quelle entgegen, die flugs von einem Zürcher Mediziner zur Mineralquelle erhoben wurde.

Wallis:
«innerlicher Streit vermischter Salze»
Ähnlich nüchtern nimmt sich die Entdeckungs-Story der Quellen von Lavey aus – um unseren balneologischen *tour d'horizon* an einer anderen Ecke der Schweiz neu zu beginnen. Ein gewisser Landry, Bewohner des am Unterlauf der Rhone gelegenen Lavey, war im Jahre 1813 damit beschäftigt, eine Vorrichtung zum Forellenfang zu reparieren, die er im Flußbett selbst angelegt hatte. Dabei fiel ihm die erst bei niedrigem Wasserstand sichtbare, nach Schwefel riechende Quelle auf. Landry rechnete sich aus, eine Erschließung würde seine ergiebige Fischstelle gefährden, und schwieg sich über den Fund aus. Erst als 1831 sein Nachfolger die gleiche Vorrichtung an der gleichen Stelle ausbesserte und dabei den Schwefelduft in die Nase bekam, begann die Geschichte des Heilbads von Lavey – mit einem bescheidenen Kurhaus erst, später mit immer erweiterten Neubauten, die zum modernen Kurzentrum von heute führten.

Im Rhonetal genoß eine Zeitlang auch das Heilbad von Bex (VD) Weltruf: Hier ließen sich eine Schwefelquelle und eine im Innern des Salzbergwerks entspringende Salzquelle kombinieren. Beide Quellen waren zur Zeit des Berner Gelehrten Albrecht von Haller bereits bekannt. Haller, der einige Jahre lang als Direktor der Salzbergwerke amtierte, propagierte als Mediziner die Badetherapie aufs angelegentlichste. Als Dichter doppelte er nach: Sein 1729 erschienenes Lehrgedicht «Die Alpen» enthält einen hymnischen Passus über die mit «flüssigen Metallen» vermischten «lauteren Wasser»:

Im Mittel eines Thals von Himmel-hohem Eise,
Wohin der wilde Nord den kalten Thron gesetzt,
Entspriesst ein reicher Brunn mit siedendem Gebräuse,
Raucht durch das welke Gras, und senget, was er netzt.
Sein lauter Wasser rinnt mit flüssigen Metallen,
Ein heilsam Eisensalz vergüldet seinen Lauf;
Ihn wärmt der Erde Gruft, und seine Fluten wallen
Vom innerlichen Streit vermischter Salze auf;
umsonst schlägt Wind und Schnee um seine Flut zusammen,
Sein Wesen, selbst ist Feu'r, und seine Wellen Flammen.

Möglich, daß Haller vom Leuker Bad inspiriert wurde, dessen rund 20 Thermalquellen auf kleinstem Raum gedrängt am Fuß der Gemmi hervorsprudeln. Hier jedenfalls ist alles beisammen, was noch den aufgeklärten Gelehrten des 18. Jahrhunderts mit Ehrfurcht und Schauder erfüllt: Finster dräuende Bergmassive, Lawinendonner, dampfende Quellen. Den Reisenden erschien die Zufahrt fast ebenso gefährlich wie die Anreise zu den gefürchteten Pfäferser Thermen. Der ins Kandertal führende Gemmipaß galt als Inbegriff alpiner Schrecken. Selbst nachdem 1740 die Kantonsregierungen von Bern und Wallis einen fünf Fuß breiten Weg buchstäblich aus dem Felsen sprengten, zog man den Anmarsch vom Rhonetal her vor: Allzu häufig gingen am Gemmimassiv Lawinen nieder.
Lawinen zerstörten auch zweimal, nämlich 1719 und 1758, die Badeeinrichtun-

Flüssige Metalle, vermischte Salze: Leukerbad um 1550 (gegenüberliegende Seite) *und um 1800* (oben).

Zahlreiche Bäder zwischen Thunersee und Gantrisch auf einer Landkarte von 1810.

gen und Häuser des Badeortes. Trotzdem riß der Strom der Gäste, der seit der Gründung der Bäder im 15. Jahrhundert nie versiegt war, auch jetzt nicht ab. Das gipshaltige Wasser heilte eine Vielzahl von Beschwerden – wenn man dem Chronisten Stumpf glauben will, praktisch alles vom Beinbruch über Sehbeschwerden bis zu Magenschwäche und Nierensteinen. Stumpf: *Sein Wasser ist so heyss / das man Hüener darinn brüyen und Eyer sieden mag.* Für die eigentümliche Farbe gibt er eine einleuchtende Erklärung ab: *Diss wasser sol / als man sagt / ab einem Kupferertz lauffen.*

Einen mächtigen Promoter fand Leukerbad im Jahre 1501, als Kardinal Schiner die Bäder übernahm. Der Walliser Kirchenmann, der als Papstaspirant und weltpolitischer Intrigant unter anderem für das Debakel des Eidgenossen-Heeres bei Marignano mitverantwortlich war, bewies bei den Bädern mehr Realsinn denn als Machtpolitiker. Er ließ die bestehenden Gebäude ausbauen und finanzierte einen Gasthof, der bald in voller Blüte stand. 1563 kam ein bescheidener Kurgast an: Der ehemalige Hirtenbub Thomas Platter, jetzt Basler Gymnasialdirektor, der seinem Sohn Felix die einstige Heimat zeigen will. An den Reisegrund erinnern wir uns: *Under dem imbissessen sagt mein vatter zuo meiner frauwen: ‹Madlen, ich wolte, dass du mitt mir zugest und ein badenfahrt in Wallis hieltest, weil du keiner Kinder hast, dann es unfruchtbaren weiberen gar nutzlich ist.›* Soweit die Erinnnerungen von Sohn Felix. Die Reisegesellschaft zieht am 15. Juni im Gasthof «Bären» ein: Vater und Sohn Platter, das «Madle» und ihr Vater beziehen gemeinsam ein Zimmer mit drei Betten. – Etwa zur gleichen Zeit lobt auch der Humanist Conrad Gessner nach einer dreiwöchigen Kur die Leuker Therme über alles. Trotzdem tritt ein eigentlicher Aufschwung mit Neubauten erst in der Mitte des 19. Jahrhunderts ein.

Land der hundert Bäder: Bern

Wer den verrufenen Weg über die Gemmi nicht scheue, kam in ein Gebiet, das lange Zeit als das eigentliche Bäder- und Quellenparadies der Schweiz galt: in den Kanton Bern. Der Badehistoriker Adrian Lüthy hat nicht weniger als 96 bernische Mineralbäder gezählt, die zur einen oder anderen Zeit in Betrieb standen. Bis zur Zeit Gotthelfs wächst die Zahl unaufhaltsam: Sind es im Jahre 1500 noch deren drei, so findet man hundert Jahre später schon 13 und im Jahre 1688 bereits 34 bernische Bäder. Wie 1799 das *anicien régime* zu Ende geht, sind es 61, im Jahre 1836 gar 73 Bäder. Langsam schrumpft die Branche wieder gesund. In der Gründerzeit pegelt sich der Bäderbestand auf rund 60 ein und sinkt bis nach dem Ersten Weltkrieg auf 37.

Unmöglich, hier ohne Willkür eine Auswahl zu treffen. Die Chroniken der einzelnen Orte gleichen in vielen Zügen der Geschichte des jurassischen Bellerive-Bades: einzelne Blüteperioden, lange Durststrecken des Vergessenseins. Bellerive soll bereits von den Römern benutzt worden sein. Im 13. Jahrhundert errichtete man einen Neubau, der 1375 von den Guglern zerstört wurde. 1575 plant Fürstbischof Blarer von Basel einen großzügigen Neubau, der jedoch nicht zustandekommt. In der Zwischenzeit aber werden die Wasser kräftig gebraucht. 1609 berichtet eine Gräfin von Zimmern, man erzähle sich Wunderdinge über erstaunliche Heilungen und lasse das kostbare Naß bis nach Paris und nach Amsterdam bringen; ein Neubau sei geplant. 1710 erscheint eine Monographie des Basler Professors Theodeor Zwinger, mit empfehlender Analyse. Aber erst 1818 entsteht ein einfaches Badehäuschen, 1820 gar ein eigentliches Kurhaus. Jetzt kommt die Lage an der Durchgangsstraße Biel–Basel dem Etablissement zugute: Bis 1850 baut man 24 Schlafzimmer und 12 Badezimmer mit 24 Wannen. Dieser starken Nachfrage nach Bade- und Trinkkuren folgt ein plötzlicher Einbruch. 1880 läßt die Eröffnung der Bahnlinie Basel–Delsberg den Straßenverkehr stark zurückgehen; das Bad zerfällt; die Mineralquelle fließt heute ungenutzt durch das Areal der Zementfabrik Bellerive.

Genauso wechseln Glanz und Elend in der Geschichte des Berner Burgbades (Jura): Erste Erwähnung im 17. Jahrhundert, 1768 als wohlbesuchtes «Gesundbad» bekannt, mit Besuch vor allem aus Basel, da ein auf französischem Boden gelegener Tanzsaal zusätzliches Amüsement verspricht. 1862 gute Rendite mit sieben Badegemächern und 22 möblierten Zimmern; Pause während des Ersten Weltkriegs, bescheidene Anfänge 1922 und ein Brand, der 1925 den Schlußpunkt hinter die Chronik setzt.

Über mehr als dreihundert Jahre hinweg konnte sich das weitaus berühmteste der bernischen Bäder, das Gurnigelbad, halten. 1561 wird die Stockbrünneliquelle auf dem Gurnigel urkundlich erwähnt, 1591 entsteht eine großzügige Anlage, welche vor allem unter der Landbevölkerung ungeheuer populär wird. Schon in der zweiten Hälfte des 17. Jahrhunderts sprengt das Bad die Grenzen des Lokalruhms und wird zum bevorzugten Bade- und Ferienort der Berner Bürger. 1820 zählt man 46 Zimmer und weitläufige Badeeinrichtungen. Ein riesiger Gebäudekomplex im Fabrikstil macht Gurnigel in den 1860er Jahren zum Ferienort von Weltruf. 1902 vernichtet auch hier ein Brand sämtliche Anlagen; der 1905 beendete massive Neubau kann sich aber nie richtig durchsetzen und wird wegen schlechten Besucherfrequenzen 1940 stillgelegt – ein Schicksal, das bei bescheidenerer, den Weltruf des Namens Gurnigel klug einsetzender Planung hätte vermieden werden können.

Als Generalthema zieht sich durch die Geschichte der Berner «Bedli» das unaufhörliche Mahnen, Warnen und Strafen der Behörden, die überall im Badebetrieb Unbotmäßigkeit wittern. Gurnigelbad und das benachbarte Schwefelbergbad machen hier keine Ausnahmen. Wegen der Vorgänge im letzteren mußten sich die Berner Ratsherren zum Beispiel im Jahre 1729 ereifern: *Es ist vor geraumer Zeit daher beobachtet worden, dass an dem Schwebelberg, sonderlich an denen 3 ersten Sonntagen im August Monat allerhand Unanständigkeiten vorgehen.* Derowegen denn die Behörden den Verkauf von Branntwein und Wein rundweg verbieten: Dabei soll es *sein unabänderliches Verbleiben haben.* Was es natürlich keineswegs tat.

1779 bewerben sich hier die Unternehmer um die Lizenz für einen Neubau – die bisherigen Gäste müßten sich oft *in einer Stierenhütten einquartieren.* Aber die Zeit ist noch nicht reif. 1826 besitzt der Schwefelberg statt Badewannen bloß einige ausgehöhlte Baumstämme. Erst 1870 setzt der eigentliche Aufschwung ein: Ein Unternehmer namens Zbinden erweitert die alten Gebäude zur Kuranlage, die noch heute hundert Betten für Bade- und andere Gäste aufweist.

Ganz kraß muß es – um aufs Geratewohl noch einige Beispiele herauszupicken – im Moosbad bei Lauperswil zu- und hergegangen sein. Jedenfalls schlägt 1640 der Landvogt Samuel Frisching bewegte Töne an, wie er ein Konzessionsgesuch des Badewirtes zuhanden des Rates kommentieren soll. Man habe ihm von verschiedenen Seiten berichtet, *wass ehrgerlichen undt Gottlossen Läbens und unnützen Wäsens mit Tantzen, Singen, schreyen, pfyffen, Gygen, Spihlen und zusammen Lauffen* sich hier abspiele. Ganz besonders regt er sich, mit entsprechend chaotischer Rechtschreibung, über den Unfug *mit nechtlicher usslöschung der Liechteren und undermischung* (von) *Mannen und weiberen, Knaben und Meittlenen, alt und jungen, jnn einem Kasten* auf.

Natürlich war der Anfrage des Wirtes

Das Gurnigelbad und der Fortschritt. Oben: *Das Schwarzbrünnlein im Gurnigel;* gegenüberliegende Seite: *Das grosse Kurhaus; Kupferstiche von Franz Hegi, um 1800.*

101

*Vom Berner Geheimtip zum Kurhotel von Weltruf:
Gurnigelbad um 1860.*

keinerlei Erfolg beschieden. Immerhin mußte sich dieser gegen einen starken Konkurrenzdruck wehren. Operierte das Moosbad dabei mit Hintanstellung sittlicher Bedenken, so taten die Wirte des Gutenburgbades bei Burgdorf ein gleiches und noch mehr. Auch in diesem Falle wetterte die Obrigkeit (hier aus Burgdorf) gegen den bösen Brauch, Männer und Frauen im gleichen Badkasten einsitzen zu lassen, und befahl aufs strengste die Einführung von Trennwänden. Neue Gäste lockte der Wirt nicht nur dank seinem 1688 bestätigten Weinschankrecht an; als weitere Attraktion fand man im Gutenburgbad sogenannte Freischießen – eine Mischung zwischen Wettschießen und Kirchweih.

Toleranzrekord der Behörden: Solothurn
Von einem runden Dutzend Mineralquellen im Kanton Solothurn berichtet der Historiker B. Schubiger. Wir brauchen das Thema der ratsherrlichen Klagen über das «üppige Unwesen» nicht weiter zu verfolgen; auch in Solothurn bedeutete die Badenfahrt Erholung von pingeligen Sitten- und Aufwandmandaten zuhause. Vier Bäder ragen durch ihre einigermaßen kontinuierliche Chronik heraus.
Attisholz zog offenbar leichtlebige Burschen zuhauf an: «Schelme und Landstreicher», die sich hier vergnügten, werden mehrfach erwähnt. Daneben – wir erinnern uns – hat aber auch der jeweilige Staatschef, der Landammann, sein festes Zimmer. Erst wenn er um drei Uhr nicht eingetroffen ist, darf es der Badwirt an Durchreisende abgeben. Von der Mineralquelle zeugen Berichte aus dem 15. Jahrhundert; sie zählt unter die sogenannt erdigen Quellen und ist kalt – ein Umstand, der den Attisholzern keine Ruhe läßt. Immer wieder taucht das Gerücht auf, es gebe in der Nachbarschaft auch ein Therme: *Während heftigster Winterkälte – so geht die Kunde – sehe man nahe der Attisholzschmitten in der Aare ein Räuchlein aufgehen, woselbst das Wasser niemals einfriere.* Zweimal – 1496 und 1748 – geht man diesen umsatzverheißenden Gerüchten nach. Leider hat aber auch ein frommer Wasserkenner, ein Pater aus dem Kloster St. Urban, bei der Suche keinen Erfolg. 1627 schafft der Quellenbesitzer, die Stadt Solothurn, einen neuen Kupferkessel zum Erwärmen des Badewassers an. Preis: 669 Pfund. Offenbar aber hat sich die zuständige Kommisssion ungenügend orientiert oder aber einen Gefälligkeitsauftrag vergeben. Jedenfalls taugt die Neuanschaffung nichts, *wylen derselbe gar vil Holz bruche.* Man gibt also einen neuen Kessel in Auftrag und das Kupfer des alten in Zahlung; trotzdem muß man einen Aufpreis von 372 Pfund hinblättern.
Jedes Jahrhundert sieht eine Neuerung in Attisholz. Um 1750 errichten die Solothurner ein neues Badegebäude, nicht ohne beim Aushub erst Sondierungen vornehmen zu lassen. Man befürchtet, daß *durch ein unglückhaftiges Undernehmen die Adern des Mineralwassers abgeschnitten und verloren werden, was die Nachwelt empfindlich betadlen würde.* Nun, man lieferte der Nachwelt keinen Grund zu «empfindlichem Tadel»; noch heute besteht Attisholz als geschätzte Kuranstalt.
Wir haben uns bereits über die weitgehenden juristischen Privilegien gewundert, die ein allfälliger Übeltäter im solothurnischen Lostorf genoß. Mußte die Regierung nur äußerst selten darauf warten, daß ein Bösewicht endlich unter den Dachtraufen des Badehauses hervorgelockt werden konnte, so hatte sie umsomehr Ärger mit den Pächtern des idyllischen Ortes, das als *köstlich Gliderbad* galt. Oft mußten diese wegen ihres *verthüeigen lebens* – lies: aufwendigen Lebensstils – vermahnt werden. Ein gewisser Lorenz Guldimann verlangte um 1620 zu hohe Preise und vernachlässigte die Gäste, so daß ihn der Rat als Badwirt absetzte, auf dringliches Bitten hin freilich alsobald wieder einstellte. Dreißig Jahre später war es bereits wieder so weit. Das Bad komme *gantz in abgang* und verfaule, der Wirt verlange Fantasiepreise: So lauteten die Klagen der Benützer. Dabei konnte der Badwirt immerhin auf die tätige Mithilfe der Lostorfer rechnen. Jeder Dorfbewohner mußte ihm jährlich einen Tag lang unentgeltlich Holz führen oder beim Holzhauen mithelfen. Dabei genoß er allerdings Gratiseintritt, samt Familie und Gesinde – aber nicht in der Hauptsaison, im Mai: *dass solches,* vermahnte der Rat, *da Ueberlast frömder Lütte da wäre, bescheidenlich zugange.*
Meltingen, in einem Seitental der Birs gelegen, durfte ebenfalls auf eine Anzahl von Privilegien, sogenannter «Freiheiten», pochen. So erleichterten die Behörden für das geographisch und wirtschaftlich ganz auf Basel ausgerichtete Bad die Fastenvorschriften. Reformierte Gäste durften an den allgemeinen Fastentagen in ihren Zimmern Fleich kochen (1680) – zwar *in secreto,* behutsamlich und ohne Ärgernis zu erregen. Ebenso erstaunlich in einer durch Autarkiebestrebungen und Einfuhrverbote abgeschirmten wirtschaftlichen Isolation: Dem Badwirt war erlaubt, teure fremde Weine auszuschenken. Selbst das Tanzbein durfte man schwingen. Die Obrigkeit gestattete, daß den Badegästen in Bade- und Wirtshaus aufgespielt würde – zwar «mit Bescheidenheit und Ehrbarkeit» und nicht an hohen Feiertagen, dafür aber am gewöhnlichen Sonntag, und dies gleich nach dem Gottesdienst.
Solche fröhlichen Vorrechte schützten nicht vor tragischen Wendungen in der Meltinger Chronik: Um 1700 zerfiel das vernachlässigte Bad zusehends; in den frühen Jahren des 20. Jahrhunderts machte es unter wechselnden Besitzern widrige Umstände durch.
Ähnliches gilt für Bad Flüh im solothurnischen Leimental. Auch hier gaben «Üp-

Die Kurpromenade im solothurnischen Lostorf zur Biedermeierzeit.

pigkeiten» im Badehaus den Behörden Anlaß zum Eingreifen, und mit hohem Aufwand erstellte Einrichtungen zerfielen: Dies trotz einer 18grädigen Quelle, die das Baden ohne Aufheizen während eines großen Teils des Jahres ermöglichte.

Bürgerliche Galanterie: Die Basler Kurorte

Für den angrenzenden Kanton Basel zählt der Bäder-Baedeker von Meyer-Ahrens gut zwanzig Heilquellen auf. Selbst auf Stadtgebiet konnten die Basler – wenigstens um 1650 – zwischen drei verschiedenen Heilwassern wählen. Am Leonhardsberg entsprang eine leicht bläuliche Quelle, die sich bei verschiedenen Leiden als heilsam erwies; ein ungeorteter «Brandolphsbrunnen» führte Wasser mit *campherartigem eintrocknendem Princip*, und Felix Platter erwähnt eine Stadtbasler Schwefelquelle, die jedenfalls um 1665 noch nicht versiegt war.

Die Basler zog es aber eher zu den salinischen Gipsquellen von Bad Eptingen oder nach Bad Schauenburg im Jura – das letztere vor allem im 18. Jahrhundert Schauplatz bürgerlich gemilderter Galanterien im anakreontischen Stil. Bad Ramsach bei Läufelfingen hätte ein lokaler Chronist sicher zu verschiedenen Malen aufgegeben. Der einst unter Baslern populäre Kur- und Vergnügungsort fiel nach einem Höhepunkt im 17. Jahrhundert der Vergessenheit anheim, sah aber 1864 eine Neueröffnung, die bloß der Anfang einer stetig ansteigenden Karriere war.

Die Solquelle von Schweizerhalle schließlich geht für einmal nicht auf einen legendären Fingerzeig des Schicksals zurück, sondern auf beharrliche Forscherarbeit. 1835 entdeckte der deutsche Spezialist von Glenck nach jahrelangen Bohrungen im jurassischen und mittelländischen Muschelkalk die heißersehnte Salzsole, die der Schweiz Salz-Autarkie bringen sollte. Nebenprodukt dieses Bohrerfolgs war die dicht neben der Saline liegende Solbadeanstalt, die 1850 eröffnet wurde.

Thermenreicher Jurafuß: Aargau

Eine ganze Reihe von Mineralquellen, nach Gehalt, Wirksamkeit und Frequenz überragend, machen aus dem Aargau den schweizerischen Bäderkanton par excellence. Schwefelthermen in Schinznach und Baden, Jod- und Gipsquellen in Wildegg und Laurenzbad, endlich auch die Solbäder von Rheinfelden und Umgebung sorgen für eine reichhaltige Bäderchronik.

Wenn man der Sage glauben will, entdeckte ein junges Helvetierpaar die Badener Schwefeltherme. Als unsere Vorfahren sich zu gemeinsamen Auswanderung entschlossen, blieb die erkrankte Ethelfried zurück – allerdings nicht ohne jeden Schutz. Auch ihr Geliebter Siegawyn desertierte, verbarg sich mit der kranken Freundin in den unwegsamen Wäldern und stieß auf die heilenden Wasser, als die als Milchlieferant mitgenommene Ziege sich verirrte. *Am folgenden Morgen* – so die Sage – *trug er die Geliebte zu dem Quell, durch dessen Gebrauch sie allmählig geheilt wurde.* Die eigentliche Geschichte Badens beginnt mit den Römern,

Oben: *So sieht der Malerpoet David Hess die Entdeckung der Badener Thermen (Ausschnitt).*
Links oben: *Baden im Aargau; idealtypischer Holzschnitt aus Johannes Stumpfs «Schweizer Chronik».*

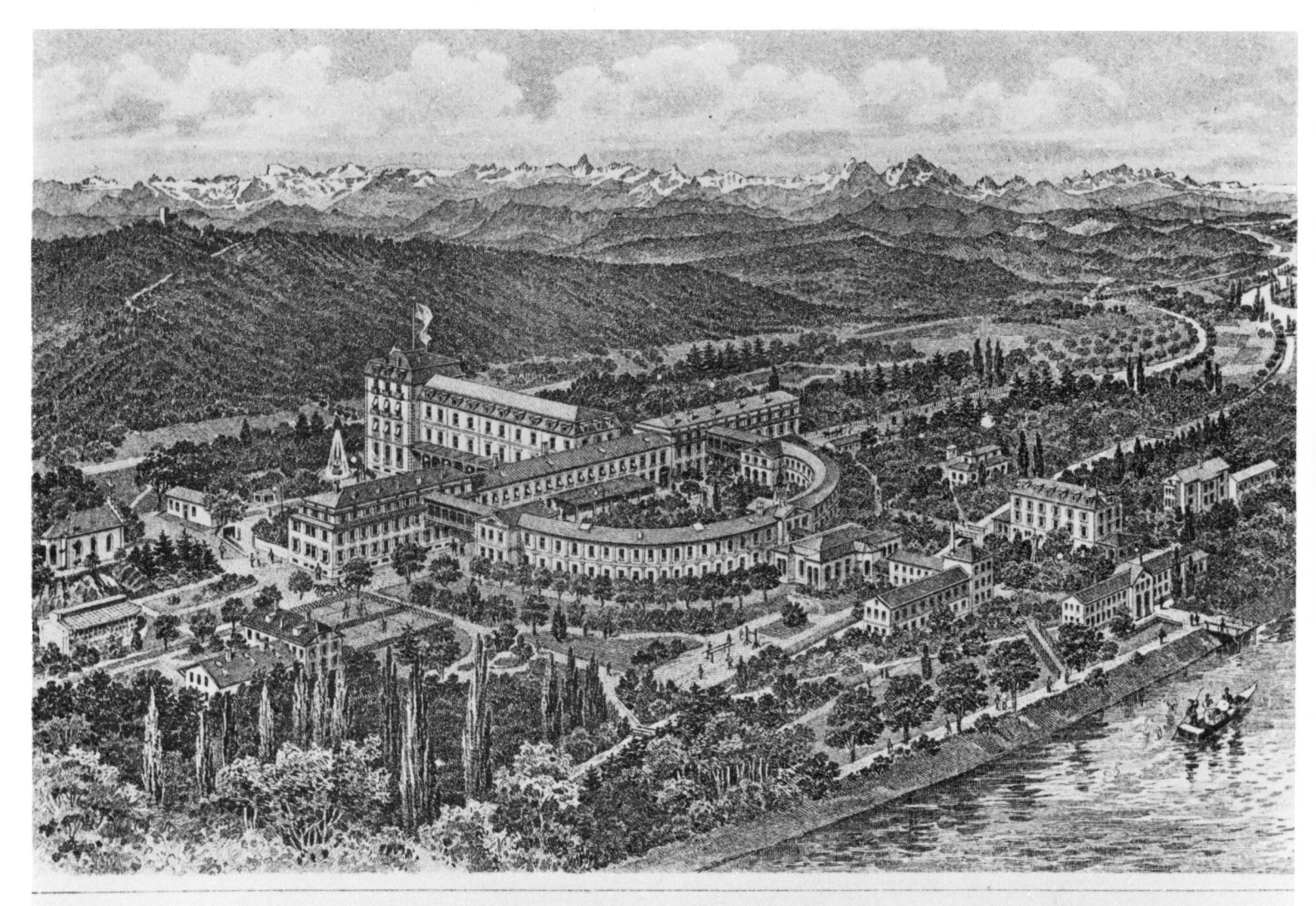

BAD SCHINZNACH-SCHWEIZ
SCHWEFELTHERME.

die bald nach der Unterwerfung der Helvetier eine Thermopolis errichteten. Hintereinander zerstörten römische Legionen, Hunnenscharen und Franken das immer wieder neu erbaute Städtchen, das um 1200 als lenzburgische Besitzung in den Annalen auftaucht. Für die späteren Besitzer, die habsburgischen Herzöge, diente das Limmatstädtchen vor allem als Schauplatz festlicher Hoflager und Turniere. 1415 ging es an die Eidgenossen über, die das Angenehme mit dem Nützlichen verbanden und 1424 ihre jährliche Tagsatzung in das Bäderstädtchen verlegten. – Über Alltag und Anlagen Badens haben uns die vorhergehenden Kapitel eine Menge gelehrt; begnügen wir uns mit der resümierenden Feststellung, daß die Bäderstadt während des Dreißigjährigen Krieges eine letzte Glamour-Periode erlebte, woran nur noch einmal, im Jahre 1714, der Badener Kongreß erinnerte: Damals legten Frankreich und Österreich einen mehrjährigen Krieg bei. Frankreich rückte mit 300 Abgesandten und mehreren hundert Wagen zur Unterzeichnung auf; die Badener betätigten sich als Souvenirjäger und steckten nach der Vertragsunterzeichnung Schreibfedern, Siegellack, Sandbüchse und andere Utensilien vom Kanzleitisch kurzerhand ein. Badenfahrthistoriker David Hess klagt über das «schnörkelhafte, steife Wesen», das während des *ancien régime* im Lägernstädtchen Einzug hielt. Immerhin: Im 18. Jahrhundert stieg die Anzahl der öffentlichen und privaten Bäder auf über hundert; die Biedermeierzeit schließlich sah Baden aus ausgesprochenen Familien-Kurort. «Üppigkeit» und Ausschweifungen machten bürgerlich-mildem Frohsinn Platz.

Mindestens zweimal verloren gingen die Schwefelthermen von Schinznach. Seit undenklichen Zeiten trugen einzelne Güter am Aareufer hier Namen wie «Badmatte» und «Badacker». Es brauchte aber die Nachforschungen des Landvogtes Samuel Nötinger, der 1658 den alten Spuren nachging und wenige hundert Meter vom Dorf Schinznach entfernt die verlorengeglaubte Quelle wiederentdeckte. Das bald errichtete Badehaus zog in kürzester Zeit einen Kreis von Stammkunden an; bereits 1670 zerstörte aber eine Überschwemmung die Einrichtungen und verschüttete die Quellen. 1692 entdecke sie der Bauherr Samuel Jenner aufs neue – sie trat jetzt auf einem Aareinselchen aus. Seither sind Überraschungen ausgeblieben. Im Gegensatz zu Baden, wo sich eine richtige Bäderstadt bildete, beschränkte man sich in Schinznach auf eine einzige, großzügig bemessene Anlage, die 1694 in ihren Grundzügen feststand. Der mit Flügeln, Säulenhallen und riesigen Gängen aufwartende Château-Stil wirkte sich auch auf die Zusammensetzung der Besucher aus: Lange Jahre galt Schinznach als «vornehmes» Bad. Trotzdem pflegte man seit den Gründungsjahren die sozialen Traditionen – das «Armenbad», von jeher aus Vergabungen und Kurtaxen finanziert, war hier nicht bloße Alibi-Einrichtung, sondern eine gut ausgebaute und dotierte Anstalt in der Anstalt.

Geheimtip im Oberland: Zürich und Glarus

Mit Staunen liest der Zürcher von einem runden Dutzend Mineralquellen, die einst auf Kantonsgebiet entsprangen und mit sensationellen Erfolgen genutzt wurden – wenn man der Überlieferung trauen kann. Die Stäfner zum Beispiel ließen nichts über ihr «Wannenbad» kommen. Die Quelle entsprang einer Nagelfluhwand an den Hängen des Pfannenstiel und wurde schon 1538 von einem Ötwiler namens Peter Wysling in ein Badehaus geleitet. Noch um 1850 konnte man in der «Krone» Kuren gegen rheumatische und gichtische Leiden durchführen. Mit dem doch einiges populäreren Baden teilt Stäfa am Zürichsee immerhin die Schutzpatronin: Hier wie dort war es die heilige Verena, die den Kranken beistand und – dies wenigstens in Stäfa – den Kindern die von Grind und Läusen geplagten Köpfe pflegte. Noch heute zeigt das Stäfner Siegel das «Vreneli mit dem Strähl».

Andere Zürcher Geheimtips waren das Bad zu Urdorf, das Nuotbad in Wald, das Äugsterbad jenseits des Albis oder das Ehrlosenbad bei Hinwil, dessen erster Benützer ein Bauer war, der auf dem eigenen Areal mit einer Wünschelrute nach einer Wasserader gesucht hatte. Mehr als nur lokalen Ruf genossen – in der gleichen Gegend – das innere und das äußere Gyrenbad; das erstere am Fuß des Bachtel gelegen. Es hieß in älteren Zeiten auch «Freßbad» – ein Epithet, das es freilich mit vielen Konkurrenten teilt und das kaum durch den Hinweis zu erklären ist, das jeweilige Wasser habe «die Eßlust befördert». Wir erinnern uns an den Reformatoren Bullinger, dem sowohl Zürcher als Winterthurer einen silbernen Pokal nachschickten, als er hier einsprach – und zum Pokal gehörte in den meisten Fällen auch eine entsprechende Menge Viktualien. Während hier das Quellwasser gegen Leber- und Milz-«Stockungen», Ausschläge und Gliederschmerzen Verwendung fand, pilgerte man ins *äußere Gyrenbad* bei Turbenthal, wenn man an chronischen Hautausschlägen und skorbutischen oder «fressenden» Geschwüren litt. Auch hier brachte die erwachende Reiselust des 19. Jahrhunderts einen gewaltigen Aufschwung: Um 1830 baute man das alte Gasthaus aus und brachte bis zu 120 Gästen unter.

An einem gähen fast unwegsamen Ort ob Linththal findet man ein kleines Wässerlein, worin so ein silberner Löffel gelegt wird, wird derselbe wie selbst gesehen, fast eher als man ein Vater Unser sprechen möchte, so gelb, als wenn er von dem Goldschmied vergoldet wäre. Was hier um 1750 Johann Heinrich Tschudi in unweg-

Der Einmann-Personenlift zur Taminaschlucht in den Augen eines unbekannten Historienmalers um 1830.

samem Deutsch beschreibt, ist die Heilquelle von Stachelberg unterhalb Braunwald im Glarnerland – die einzige unter einem guten Dutzend Glarner Mineralquellen, die es zu mehr als lokalem Ruf brachte. Ihre Heilwirkung muß enorm gewesen sein: Obwohl das Wasser nur spärlich floß und auch einige Sprengungen zu Beginn des 19. Jahrhunderts keine kräftigere Quelle erschlossen, entstand um 1830 eine stattliche Kuranstalt, die bald Zuspruch aus ganz Europa fand. Schon vorher hatte man in mehreren Schweizer Städten und sogar in Stuttgart Niederlagen errichtet, wo Stachelbergwasser verkauft wurde. Durch äußerste Ökonomie mit Hilfe einer Sammelgrube gelang es schließlich, auch «an Ort» das Wasser so beisammen zu halten, daß für Badekuren genügend übrigblieb.

Eher folkloristische als medizinische Bedeutung hat die Quelle im Krauchtal – ein fast rundes Sammelbecken hoch in den Krauchtalerbergen, in das sich mehrere Quellen mit kaltem Gletscherwasser ergossen. Hier fand sich an den ersten drei Sonntagen im August jeweils viel junges Volk ein, das sich vom dreimaligen Eintauchen eher eine magisch-übernatürliche Wirkung versprach. Auch Stumpf, der diesen Jungbrunnen fälschlicherweise als Wepchenbad dem Fußpaß von Rheins ins Sernftal zuordnet, ist eher skeptisch: *etlicher präst sei nach diesem Bad besser, etlich auch böser worden.* Der alte Volksbrauch der «kalten Badsonntage» im August ist vom Ursprung her noch nicht genügend erklärt – wie beim Johannisbad soll aber ein bestimmtes Datum dem Wasser eine besondere Wirkungskraft verleihen.

Ankunft mit Herzklopfen: Pfäfers/Bad Ragaz

Im Sommer 1563 macht sich der Zürcher Landpfarrer Josua Maler mit seiner Gattin nach Bad Pfäfers auf den Weg – seiner *husfrauwen* machen eine Fistel und ein *hauptfluss* neben dem Auge zu schaffen. Die Kur im Taminatal wird zu einer beschwerlichen Angelegenheit. *Daselbst verharretend wir 20 Tag* schreibt Maler, *musstind fast Tag und Nacht im Wasser bliben*. Denn der Zugang zu dieser abenteuerlichsten aller Schweizer Thermen ist so gefährlich, daß sich kurbegierige Gäste öfters weigern, die Taminaschlucht zu betreten – und dies, obwohl sie vielleicht eine wochenlange Anreise hinter sich haben. Und wer einmal unten im Badhause sitzt, der bleibt am liebsten hier. Abscheu, Schrecken, aber auch Enthusiasmus schwingen in den Berichten vieler Zeitgenossen mit. 1350 hatte der Abt Johann II. vom Kloster Pfäfers ein schwindelerregendes Badehaus direkt über den Wassern der Tamina, mitten in einer lichtlosen engen Schlucht errichten lassen. Badehistoriker Kaiser: *Der kühne Bau des Badehauses ruhte mitten über der Tamina auf hölzernen Tragbalken, die auf beiden Seiten in die Felswände eingesenkt und befestigt wurden, wo der Heilquell unmittelbar dem lebenden Felsen entfliesst. Hat wohl je eine menschliche Wohnung über einem so schrecklichen Abgrunde geschwebt? Mitten zwischen zwei zerrissenen Felswänden, über hundert Fuss hoch, am weitesten nicht fünfzig Schritte voneinander entfernt, tobt unter den Füssen ein wütender Strom, über dem Haupte drohen Felsblöcke und herüberragende Waldbäume. Der Zugang allein war schon abschreckend, da man teils an hängenden Leitern, teils an Stricken und den, der mit Schwindel behaftet war, mit verbundenen Augen an einen Sessel befestigt hinunterlassen musste. Wahrlich, einen kräftigeren Beweis von der ausgezeichneten Heilkraft der Quelle kann es nicht geben, als dass sie ungeachtet all dieser Hindernisse in der Nähe und Ferne in immer grösseren Ruf kam.*

Wie Josua Maler 1563 ankommt, muß er sich freilich nicht mehr abseilen lassen: Zwanzig Jahre zuvor hat Fürstabt Russinger einen horizontalen Zugang in die Schlucht errichten lassen, im Stil des Stiebenden Stegs von Göschenen. Ein Bretterpfad ruhte auf Pfählen, die man zehn bis zwanzig Meter über der wild strudelnden Tamina in die Felsen getrieben hatte; er war «für zwei bewaffnete Männer breit» und mit einem Geländer versehen. Trotzdem soll auch hier kein Kurgast «ohne Herzklopfen und Zittern im Bade angekommen» sein. Grund genug für unseren Landpfarrer, seine drei Kurwochen lieber in der finsteren Schlucht abzusitzen.

Bereits im 12. Jahrhundert wurden die Quellen ein erstes Mal entdeckt, wegen des Mutwillens und mangelnden Respekts der Benützer den Augen der Menschen aber wieder entzogen – so jedenfalls Chronist Hemmerli. Ein oder zwei Jäger des Klosters Pfäfers brachten 1242 erneut Kunde von einer riesigen warmen Quelle, die bald Kranke aus ganz Europa anzog. Um 1530 verpflichtet man den berühmten Einsiedler Mediziner Paracelsus als Badearzt; sein 1535 erschienener Traktat «Vom Ursprung und Herkommen des Bad Pfäfers» bringt bald weiteren Zuspruch.

1548 berichtet Stumpf: *das tobel ist noch heuttigs tags unwegsam, kleine ellende heüssle sind darinn, die man allein Summers zeyt bewonet. Die Fußpfade seien also böss und gevarlich zu wandlen, das vil leütt aus forcht nit hinab bedörffend wandlen; etlich tragt man dareyn … Etlich hab ich selbst kennt, die biss darauff kommen, und auss forcht des gevarlichen wägs widerumb ungebadet sind gefaren … Da ist in disem finsteren loch kein fröud noch kurtzweyl dann im Bad, darinn ligt man tag und nacht. Merteils leütten farend dar und dannen, dass sy an keinem bett zu ruwen neimer komend*. Und Sebastian Münsters «Kosmographie» berichtet etwas später: *Es ist ein treffliche weite Spelunck, von zweyen hohen Felsen erwachsen. Die Gäste, ihrer hundert an der Zahl, müßten sich gantz eng und nahe zusammen schmucken … und sitzen da in der dunckelheit wie die Seelen in S. Patricii Fegfewr*. Nicht genug mit dieser Platzangst: 1562 klagt Günther von Andernach, Gebäude und Umgebung seien von Menschenkot bedeckt, dessen *böser gestanck denen höfflichen leüthen ein ohnmacht bringet*.

Oft fielen Bäume und Felsbrocken in die Schlucht und erschlugen nichtsahnende Kurgäste; andere fanden den Tod beim Sturz von den schmalen Bretterpfaden. Erst 1640 leitete man die Quellwasser aus der Schlucht weg und an die zugänglichere Pforte der Taminaschlucht, wo ein geräumiges Badehaus mit Trinkhalle, Kapelle und Gästezimmern entstand.

Nach der Auflösung des Klosters 1838 gehen Quelle und Haus in den Besitz des Kantons über. Die St. Galler Regierung will endlich aus der engen Taminaschlucht heraus und schafft es auch: Am 31. Mai 1840 läuten in Ragaz die Glocken – das Thermalwasser wird jetzt in Holzteucheln aus dem Taminatal herübergeleitet. Als Bad Ragaz beginnt das Rheintaler Dorf seine Weltkarriere. Zu verdanken ist sie vor allem dem Unternehmer und Ingenieur Bernhard Simon, der 1867 vom Kanton die Konzession für Quelle und Leitung erwirbt – für runde 1,7 Millionen Franken. Er baut ein Hotel im üppigen Kurort-Stil der Zeit, samt Trinkhallen, Kursaal und Schwimmbad. Wo früher armselige Pilger vor dem letzten Wegstück in die Taminaschlucht übernachteten, rollen jetzt die Karossen russischer Großfürsten vor: Simon, der als Selfmademan zum europäisch gesuchten Architekten avanciert ist, hat einst in Petersburg Prachtvillen für den russischen Adel gebaut; jetzt bringen seine russischen Freunde Weltstadt-Glanz ins rauhe Rheintal.

Zwischen Linth und Bodensee: Quellen der Ostschweiz

Mit einer Unzahl neuentdeckter Heilquellen warten im 18. Jahrhundert auch die bergigen Gebiete der Ostschweiz auf. Jedes Jahr eröfffnet in den Tälern des Appenzell oder des Toggenburg ein hoffnungsvoller Badwirt seine «von namhaften Medizinern empfohlene» Anstalt; ebenso schnell freilich gehen die «Bedli» wieder ein. An der Zusammensetzung der Wasser hat sich nichts geändert – was zählt, ist die Publizität. Vor dem Schicksal des Vergessenwerdens suchen sich die Badbesitzer mit einer Flut von pseudowissenschaftlichen Prospekten zu schützen, die mit imponierenden Listen namentlich genannter Kurgäste aufwarten, die geheilt entlassen worden sind. So nennt um 1700 das Thurgauer Rietbad folgende Beispiele:

Bertold Hussegger ware gantz engbrüstig / darneben auch gantz krafftlos / dass er schwerlich keichen möchte / hatte auch eine lange Zeit keine Kinder mehr erzeuget: Dises Bad aber hat ihm so treffenlich zugeschlagen / dass er widerumb so starck / auch seine Frau alsobald hernach schwanger worden...

Maria Schächin aus dem Appenzeller-Land hat dieses Bad abermahl treffenlich gedienet und ihrer Gelbsucht und Hauptwehe abgeholffen.

Nur wenige Ostschweizer Bäder entgehen dem Schicksal des Vergessenwerdens – heute noch lebendig aber ist zum Beispiel das sanktgallische Rietbad im oberen Thurtal, dessen alkalische Schwefelquelle bereits der St. Galler Gelehrte und Weltmann Vadian rühmte. Auch der nimmermüde Conrad Gessner, der eine eindrückliche Reihe alpiner Bäder abklopfte, stellte hier ein wohlwollendes Zeugnis aus, auch hielten die wohlhabenden Herisauer ihrem Haus-«Bedli» während Jahrhunderten die Treue. Eine Durststrecke war auch hier zu Beginn des 19. Jahrhunderts zu überwinden; der Besitzer erweiterte sein Angebot aber mit Milch- und Molkenkuren und führte Dampfbäder ein, so den Grundstein zur heutigen Entwicklung legend.

Den meisten anderen Kurbädern aber ging es wie dem appenzellischen Gonten, das mit einer «erdigen Stahlquelle» aufwartete. Erste Besucher zu Anfang des 17. Jahrhunderts, als ein gewisser Anton Guldener mehrere Quellen zusammenleitete und ein Badehaus baute; 1830 Neubau und erweitertes Sortiment mit Milch- und Kräuterkuren; gegen Ende des Jahrhunderts langsamer Zerfall. Eines freilich hat das Gontener Bad seinen Konkurrenten voraus: Um die Mitte des 18. Jahrhunderts wurde es von einem Landammann persönlich geleitet. Nur daß Badwirt und Politiker Joseph Suter ein gewaltsames Ende fand: Infolge falscher Anklagen wurde er auf dem Blutgerüst hingerichtet.

Träume von verschütteten Schätzen: Graubünden

Immer außerhalb der Reichweite der Gerichte hielt sich hingegen der abenteuerliche Wunderdoktor und Quacksalber Hans Peter Senik, der um 1830 die Heilquellen von Somvix übernahm. Der Bündner gab an, er habe geheime Künste in Deutschland erlernt, und das in jahrelangen Studien – freilich nicht an einer Hochschule, sondern im Dienst einer geheimnisvollen Dame, die ihn als Kutscher aufgenommen hatte. Wie immer es um die Qualifikationen des *Signur Doctur* stand – er brachte dem etwas in Vergessenheit geratenen Waldbad unweit von Disentis neue Kunden. Scharenweise strömten die Bauern in die Gemeinde Somvix, die dem Zaubermann aus Dankbarkeit beträchtliche Rechte einräumte. So wurden ihm Holzrechte im *Vall da Boign* – dem Badtobel – sowie verschiedene Weiderechte auf benachbarten Alpen eingeräumt: Der Herr Doktor brauchte Platz für Schafe, Kühe, Schweine und Pferde, deren er zum Transport und für die Verpflegung seiner Gäste bedurfte.

Die Stahlquellen von Somvix stehen für viele andere in diesem an Mineralquellen wohl reichsten Kanton der Schweiz. Viele von ihnen wurden zur Reformationszeit entdeckt und litten unter den Wirren des 30jährigen Krieges, der die Bündner Täler mit Unruhe erfüllte und die Gäste zu anderen Kurbädern pilgern ließ. Und wie an vielen anderen Orten waren es heilkundige Mönche, welche die Möglichkeiten der Quelle als erste erkannten – im Falle von Somvix die Benediktiner der nahen Abtei von Disentis. 1580 verlieh die Gemeinde die Pachtrechte an einen gewissen Caspar Wielli. Er durfte die

Von Bad Pfäfers zu Bad Ragaz: Aus der robust gebauten Heilstätte in der Schlucht (gegenüberliegende Seite) *wird ein elegantes Kurzentrum mit Gäste-Chalets und Dreistern-Hotels; um 1890* (oben).

Quelle auf Lebzeiten verwalten; als Gegenleistung erwartete man, daß er *denen von Sumvix das Bad erhalten und wärmen* (solle), *wann ihrer acht Personen zusammen kommen.* Einheimische bezahlten einen, Auswärtige zwei Kreuzer. Fanden sich weniger als acht Badewillige ein, so war Wielli verpflichtet, ihnen den großen Badekessel zu leihen, damit sie sich selber zum Bad heizen konnten. Was die Somvixer Quelle freilich von vielen anderen Bündner Jungbrunnen unterscheidet: Nach einigem Auf und Ab im 19. Jahrhundert fand sie nach dem Zweiten Weltkrieg eine zielstrebige Direktion, die das moderne Kurbad Tenigerbad in aller Welt bekannt machte.

Ein gewichtiges Handicap hatte die Quelle von Passugg zu überwinden: Seit alter Zeit als «Kropfwasser» bekannt und vielbegehrt, wurde sie zu Ende des 18. Jahrhunderts «verrüfenet» – durch einen Bergsturz verschüttet. Die Geschichte ihrer Wiederentdeckung bietet zum ersten Mal Gelegenheit, eine poetische Findersage aus nächster historischer Nähe zu prüfen. 1863 nämlich fand der Bündner Sattler U. A. Sprecher gleich drei der eisenhaltigen Natronsäuerlinge wieder. Auf einem seiner Spaziergänge durch das Rabiusa-Tal war ihm eine bestimmte Gegend plötzlich ausdrücklich vertraut, obwohl er wußte, daß er noch nie den Fuß hierher gesetzt hatte. Schließlich mußte sich Sprecher zugeben, daß er das fragliche Gebiet bereits – im Traum gesehen hatte. Im zufälligen Gespräch mit einem alten Mann legte sich dem Traum ein sinnfälliger Zusammenhang unter: Der Greis erinnerte sich an heilkräftige Wasser, die man einst gebraucht habe, und die unter einem Schuttkegel lägen. Sprecher konsultierte einen Churer Geologen, grub an der günstigsten Stelle des Hanges nach, auf den ihn sein Traum verwiesen hatte, und stieß auf eine Quellader. Heute hat man die Passugger Quellen liebevoll mit Namen versehen – als Fortunatus, Belvedra, Theophil, Helene und Ulricus füllen sie die Bassins der schloßähnlichen Kuranstalt.

l'ava martscha oder «Märzwasser» nannte der Volksmund ebenso liebevoll die Quellen von Alvaneu im Albula-Tal. Bereits 1474 erwähnt ein Kaufbrief die Existenz dieses Bades, und im 16. Jahrhundert finden sich Erwähnungen bei Gelehrten von Rang und Namen. Conrad Gessner hält fest, das Alvaneu-Wasser inkrustiere Gegenstände, die man darein werfe; Ägidius Tschudi setzt die Urzeit der Bäder gar im grauen 6. Jahrhundert an, und der venezianische Arzt Guarinonius überliefert die alte Bezeichnung vom *acqua martza*. Um 1600 nahmen gut ausgestattete Wirtschaftsgebäude Gäste aus aller Welt auf – so etwa den französischen Gesandten C. Paschal, der den Winter 1611/12 im abgeschiedenen Bergtal verbrachte, um einer fürchterlichen Pestepidemie zu entgehen. Sein Plan glückte; freilich drang der Schwarze Tod rund zwanzig Jahre später trotzdem in das idyllische Bergdorf vor. Um 1750 gilt Alvaneu vor allem für die vornehme Churer Bürgerschaft als *das* Bad. Eine Beschreibung dieser Zeit spricht von vornehmen Herren, die mit ihren eigenen Köchen anrückten. Wer das hiesige Quellwasser nicht vertrug, konnte sich sogar mit St. Moritzer Sauerwasser oder Schulser Salzwasser behelfen.

Fideris im Prätigau, 1464 erstmals urkundlich erwähnt, galt schon ein Jahrhundert später als eigentliches Modebad. Laut Chronist Sebastian Münster sprachen Besucher aus dem In- und Ausland ein. Auch als in einer Sommernacht des Jahres 1545 ein Gewitter die Ratschitsch so stark anschwellen ließ, daß Sand und Geröll die Quelle verschütteten, gab man nicht auf: Zwei Jahre später waren neue Quellen freigelegt und gefaßt. Conrad Gessner, der um diese Zeit einsprach, bewunderte die sinnreiche Konstruktion des Pumpwerks, welches das Quellwasser

Fideris im Prätigau. Rechts:
*Das Wasserschöpfrad; Holzschnitt aus
Conrad Gessners «De Thermis helveticis»,
1560;* gegenüberliegende Seite:
Aquatinta von Franz Hegi, 1820.

*Die Gästefabrik – auf einen Schlag 500 Betten:
Neubau in St. Moritz-Bad, 1880.*

aus dem Sod über einen Kanal in den Wärmekessel transportierte. Sobald genügend Wasser im Kessel war, hob sich ein Deckel so weit, daß er eine Stange betätigte – diese wiederum schloß den Kanal mit dem Bachwasser, welches das Schaufelrad trieb, welches seinerseits das Pumpwerk in Bewegung setzte...
Zur gleichen Zeit weiß der Basler Arzt Huggelin vom Fideriser Wasser zu rühmen, es sei *gar lieblich zu trincken ... ligt auch nit über die Brust, sondern fürdert die Döwung* (Verdauung), *ist gut dem Magenweh, dienet wohl dem Fieber und Herzgesperr, löscht auss daz hitzig zornig blut...* Erleichtern würde das Wasser freilich nicht nur den inneren Menschen: *wo einer zu vil gelt in dem seckel hat, dem hilfft es auch geschwind, dass er sein ledig wirt. Dann guten weyn, auch andere gute kost findet man genug in disem bad.*
Schwer zu glauben, daß noch im Jahre 1817 ein kümmerlicher, allen Winden preisgegebener Pavillon die berühmten Quellen von St. Moritz bedeckte. Dabei handelt es sich hier um den Patriarch der Bündner Heilwässer. Eine Grabung förderte 1908 in der ältesten Fassung der Mauritiusquelle zwei bronzene Schwerter und eine bronzene Fibel zutage. Experten tippten auf Opfergaben, die Pilger in der Zeit von 1200–200 v. Chr. dargebracht hätten. An Fürsprache fehlte es auch in der großen Bäderzeit nicht. Sowohl Paracelsus wie Gessner beschäftigten sich mit den St. Moritzer Heilwassern, und 1703 fügte auch Johann Jakob Scheuchzer seine Empfehlung dazu. Trotzdem zeigt die ältere Geschichte mehr Abwärts- als Aufwärtskurven. Italienische und deutsche Kurgäste beklagten sich über mangelnde angemessene Unterkunft. Dabei versandte man den St. Moritzer Säuerling schon um 1700 in alle Welt – eine Methode, die ebenfalls ihre gute alte Tradition hatte. Denn eine weitere Ausgrabung förderte einen Laubholzstock mit der Jahreszahl 1040 zutage. Beigefügt war ein Ledersack aus gepreßtem Leder, der die Form einer Bettflasche aufwies: Hier hatte ein frühmittelalterlicher Kurgast wohl die Absicht, eine Portion des Wunderwassers mit nachhause zu nehmen.
Erst 1832 rafften sich die St. Moritzer auf und erstellten ein ordentliches Kur- und Trinkhaus, das seinerseits um 1860 einem Gast- und Badehaus mit 77 Wohnzimmern und 20 Badekabinetten wich. Nur wenige Jahre später fügte man einen Neubau mit Fabrik-Ausmaßen im Stil der Zeit hinzu: Nun beherbergten die St. Moritzer Bäder auf einen Schlag 500 Gäste.
Nach den Heiligen St. Luzius und St. Emerita benannten die Bürger von Tarasp ihre dicht an den Ufern des Inn entspringenden Heilquellen. Schon die Entdecker der Wasser – laut überlieferter Sage zwei Hirtenknaben – bekamen die abführende Wirkung des salzhaltigen Quells zu spüren. In einem auf Laxative erpichten Zeitalter war dergleichen freilich die beste Reverenz. Nicht nur die Anwohner benützten die Tarasper Quelle zur Purgation; bald kamen auch Fremde. Conrad Gessner, dem es an Vergleichsmöglichkeiten wahrlich nicht fehlte, machte hier eine Trinkkur und war des Lobes voll: In einem Brief vom 7. Juni 1561 beteuert er seinem Freund Achilles Gasser in Augsburg, er habe sich seit dieser Tarasper Kur «immer wohl» befunden und besser als seit Jahren.

Baden innerhalb der Mauern:
Zürcher Quellen auf Stadtgebiet

Von mindestens vier heilkräftigen Quellen auf Zürcher Stadtgebiet berichtet die Überlieferung – fünf sind es sogar, wenn wir das Nidelbad ob Rüschlikon kurzentschlossen dazuschlagen. Hier, unweit der Stadtgrenze, fand um 1550 Naturhistoriker Conrad Gessner eine nach Schwefel riechende Quelle vor, welche die Bauern der Umgebung schon seit geraumer Zeit gegen Krätze und Fieber gebrauchten. Er lieferte auch eine Erklärung des seltsamen Namens: Das Badewasser überziehe sich beim Stehenlassen mit einer weißlichen, hautähnlichen Schicht, die sich mit dem «Nidel» der Milch vergleichen lasse. 150 Jahre später sprach Arzt und Naturforscher Johann Jakob Scheuchzer auf der Rüschliker Anhöhe ein, fand – als Bestandteil des Wassers – einen «bergwächsigen Schleim» und erhob den Born flugs zur heilkräftigen Quelle. Die Referenzen zweier Top-Wissenschafter taten denn auch ihre Wirkung. Um 1750 entstand über der halbverfaulten Quellfassung ein stattliches Gast- und Badehaus, zusammen mit einem etwas höher gelegenen «Lusthaus», das dem damals weitverbreiteten Hang der Zürcher Bourgeoisie zur behaglichen Selbstinszenierung mit Ausflügen und Tee-Gesellschaften entgegenkam.

Gleich zwei Mineralquellen entdeckte man um die Mitte des 17. Jahrhunderts. Ein Dr. Gyger wollte in der Enge eine eisenhaltige Quelle erschlossen haben; sie ist wohl bald wieder versiegt. Über zweihundert Jahre hinweg frequentierte man hingegen das Röslibad in Zürich-Unterstrass, das offenbar gegen Aussatz, Krätze und Geschwüre half. Die Anlage gehörte zur Spanweid – zur Domäne der städtischen Gesundheitspflege also, die hier ein Siechenhaus betrieb. 1662 übernahm der Riedtli-Wirt, ein Bursche namens Rösli, das dortige Pfrundhaus, baute ein Badehaus dazu und gab allem seinen Namen. Obwohl schon um 1800 niemand mehr so recht an die Mineralprozente des Wassers glauben mochte, hielt sich das Röslibad bis zum Ende des 19. Jahrhunderts: Es blieb mit einem erweiterten Angebot von Tropf-, Kräuter- und künstlichen Schwefelbädern konkurrenzfähig.

Auf eine Lebensdauer von rund 120 Jahren brachte es das Bad im Drahtschmidli, am Zusammenfluß von Limmat und Sihl. 1772 richtete hier ein großsprecherischer Leutnant eine Kuranstalt ein. Sein Wasser – so die Propaganda – enthalte Spuren von Gold, sei seit mehr als zweihundert Jahren bekannt und helfe auch in aussichtslosen Fällen von Gicht, Schlagfluß und Schwindsucht. Der neue Besitzer mußte – 60 Jahre später – etwas zurückkrebsen: Immerhin mußte man nun dem heilenden Quell Schwefel und Kräuter beimischen. Die Schwierigkeiten im Drahtschmidli mehrten sich, als der Gaststube eine Tanzdiele angegliedert wurde. Nach einigen Schlägereien, Handänderungen und Konkursen sank das soziale Niveau der Gästeschar bedenklich; um 1900 verkaufte man das Areal an eine Brauerei.

Spanisch-Brötchen und Pianinos: Das 19. Jahrhundert

... es gibt Leute, die kein Bedenken tragen, alle Morgen fünf bis sechs Stück von diesem fetten, schwer zu verdauenden Blätterteig so warm als möglich und gierig zu verschlingen. Um aber auch den Verwandten und Freunden zuhause den Genuss dieser Leckerei zu verschaffen, werden grosse Schachteln damit vollgepropft, durch den Boten versandt und gewöhnlich bei der Abreise davon noch bedeutende Vorräte mit heimgeschleppt.

Die Rede geht von einer Badener Spezialität, die das Limmatstädtchen wenigstens in der Zeit des Biedermeier mindestens so populär machte wie die Zerstreuungen der Kur: das Spanisch-Brötchen. Dieses fette Blätterteiggebäck faßt so ziemlich alles zusammen, was aus den alten Badefreuden zu Anfang des 19. Jahrhunderts geworden ist: ein behäbiger Gaumenkitzel für anspruchslose Bürger, eine maßvolle Abwechslung im auf Schwarzbrot getrimmten Alltag – leicht blähend und mit dem Beigeschmack milde ausschweifender Selbstverwöhnung.

Badegast und Schriftsteller David Hess, der 1818 in seiner gut dokumentierten «Badenfahrt» den Alltag einer neuen Ära schildert, hält sich freilich eher über das zopfig-steife Wesen im *ancien régime* auf. Bei ihm wird der biedermeierliche Kurbetrieb zur gemessen-fröhlichen Selbstdarstellung einer biederen Bürgerschaft, die von den großen politischen Entwürfen der Französischen Revolution und der napoleonischen Kampagnen wieder ins rechte Maß zurückgefunden hat.

Zähe Geselligkeit: Das «Täfeli»

Schon bei der Ankunft in Baden wird der Zuzüger zum Mittelpunkt einer kleinen Inszenierung. Rollt er etwa im Fuhrwerk durch das Tor in den Innenhof des Hotels, so *gehen überall die Fenster auf; die Köpfe, wenn auch mit unvollendetem Lockenbau, streben auf verlängerten Hälsen hervor, die oft mit Gläsern bewaffneten Augen begrüssen, je nach dem Gegenstand, mit freundlichen oder feindlichen Salven die Ankömmlinge, welche durch*

Gratis-Theater im Innenhof: Das Badener Hotel «Staadhof» um 1830.

400 Jahre Badener Kurbetrieb. Oben: *Einquartierung eidgenössischer Pannerträger auf einem Platz in der Altstadt; aus Christoph Silbereysens «Schweizerchronik», 1576;* rechts: *Nachmittagstee auf der Kursaal-Terrasse; nach Hans Meyer-Cassel, 1898.*

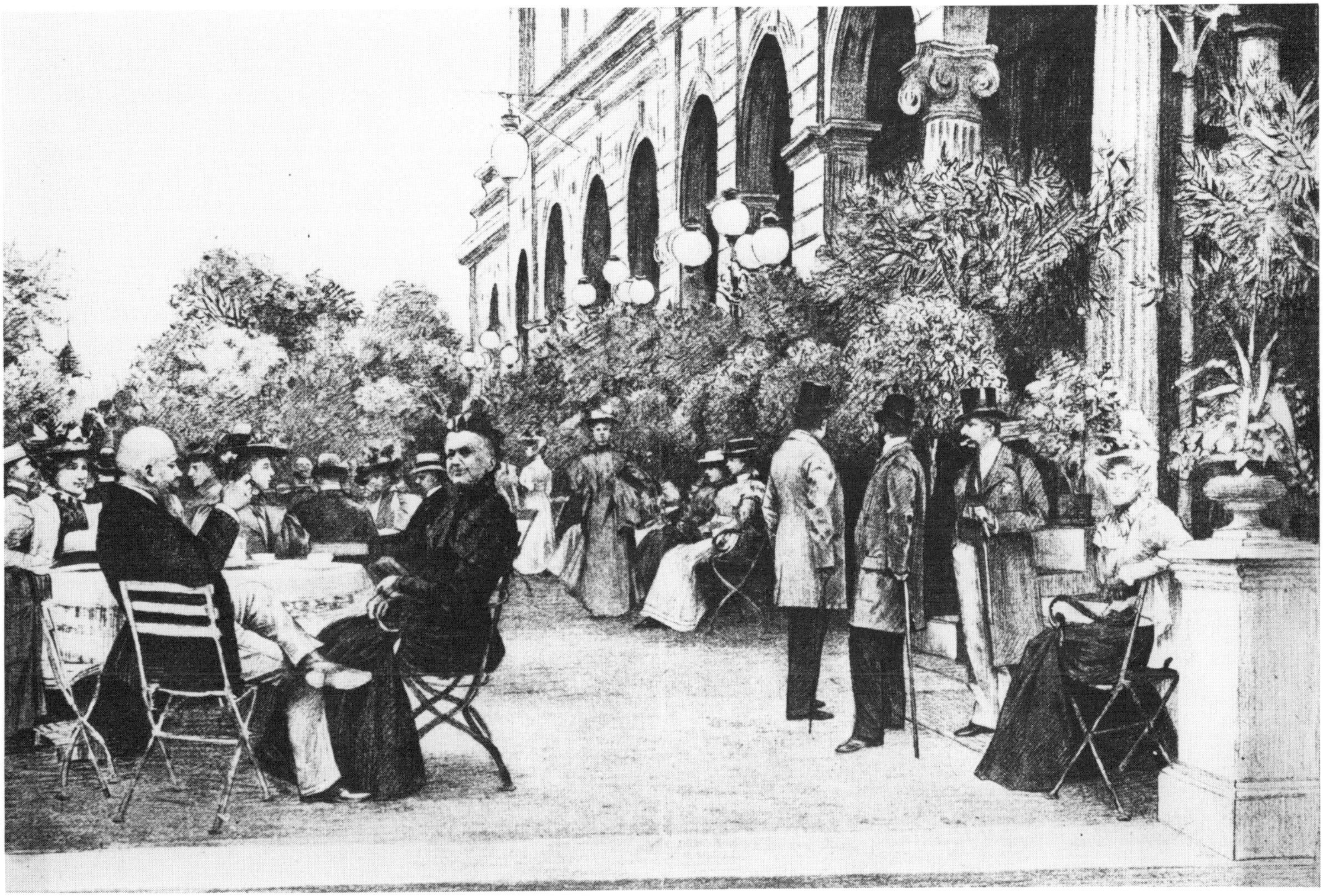

die Spiessrutengasse der spähenden Blicke ihren Einzug halten.
Mischt Hess auch seine Metaphern etwas gewaltsam durcheinander – Hotelhof und -halle sind tatsächlich Schauplatz gezierter Geselligkeit und angestrengter Konversation. Am späteren Morgen, nachdem die ersten Badestunden absolviert sind, tauscht man in diesem Forum seine ersten Tageseindrücke aus. Wildfremde Menschen besuchen sich gegenseitig auf dem Zimmer – als schickliche Tagesstunde gilt hier elf Uhr: *Da gibt es dann beim Eintritt viel blumenreiche Worte über die Ehre, die man sich gegenseitig erweise, und dieses Thema wird fugatim durchgeführt, bis man sich auf die Stühle hinkomplimentiert hat.* Aus den Stühlen wieder herauszukommen, scheint noch schwieriger: Erst müssen als Tagesthemen die Auswirkungen der Kur, das Wetter und die Eigenschaften der verschiedenen Gastbetriebe durchdiskutiert werden. Ähnlichem Austausch gelten auch die populären «Tafeln» oder «Täfeli»: Eß- und Gesprächsrunden, die sich regelmäßig an bestimmten Punkten der an Ecken und Nischen reichen Bäderstadt zusammenfinden. «Täfele», diesem Begriff zugehöriges Verb, wird in dieser Zeit zum Synonym für «unnütz, fruchtlos plaudern».
Um auf die Spanisch-Brötchen, diesen Inbegriff zäher Geselligkeit des Biedermeier, zurückzukommen: Selbst die 1847 eröffnete Eisenbahnlinie Zürich–Baden wird nach dem Gebäck benannt. Legte Badehistoriker Hess diese Strecke noch im geruderten Weidling auf der Limmat zurück, so bringt die neue Verbindung der Bäderstadt bald ein Vielfaches an Übernachtungsfrequenzen.
Ab 1850 errichten Aktiengesellschaften hier und in einer Anzahl von schweizerischen Kurorten Hotels von nie erträumten Ausmaßen: fabrikähnliche Blöcke mit 100, 200, gar 300 Fremdenzimmern. Eine neue Ära hat begonnen: die Zeit des organisierten Bäder-Tourismus. Für die Geschichte des Schweizer Fremdenverkehrs kommt der Heilquelle dabei der Attraktionswert zu, der in unserem Jahrhundert dem Wintersport zugefallen ist. Die neuen Hotelblöcke rufen nach Trinkhallen, Kasinos und Kursälen; eine neue, von geschichtlichen Vorbildern und dem Maschinenzeitalter gleichermaßen inspirierte Architektur schafft im Innern eine eigenartig operettenhafte Behaglichkeit, während von außen der langgezogene, meist drei- bis vierstöckige Hotelbau einer Fabrik gleicht, die das Produkt «Gastlichkeit» herstellt. Das mit Säulengängen, Balkons und Terrassen aufwartende 250-Betten-Hotel auf Rigi-Kaltbad etwa bietet ein eigentliches Bühnenbild, mit Schauplätzen für Gesundheitspflege, kulturelle Bemühung und Naturliebe. Ein riesiger Speisesaal mündet in die Säulenhalle vor dem Hauptgebäude, welche mehr als 200 Personen faßt. Diese wiederum geht in eine 9000 Quadratfuß große Asphaltterasse über, wo ein Gebirgszeiger und ein «Toposkop» (beschriftetes Panorama) helfen, die Aussicht noch mehr zu genießen. Gesellschaftssalon, Damen-, Schreib- und Musiksalon beherbergen unter anderem auch drei Pianinos, ein Billard und eine kleine Bibliothek, wo deutsche, französische und englische Zeitungen aufliegen.
Das alles gibt es auch eine Nummer kleiner – im 1860 vollendeten Kurhaus Schimbrigbad etwa. Hier bloß ein Damensalon mit Pianino, dafür ein Rauchsalon mit Billard und ausländischen Zeitungen. Nur daß man hier nicht zwischen erst- und zweitklasiger Mittagstafel unterscheidet. *Neben dem eleganten jungen Stadtherrn* – so ein zeitgenössisches Porträt – *mit seiner Lorgnette sitzt eine ältliche Bauernfrau in ihrem einfachen ländlichen Kleide; neben einem Mitglied der obersten Bundesbehörde ... der bescheidene Lehrer einer Dorfschule zu Tische, denn einen zweiten Tisch kennt man hier nicht. Die Aktiengesellschaft geht von dem sehr hu-*

Unziemliches unmöglich. Gegenüberliegende Seite: Bad Ragazer Säulenpromenade; oben: *Leuker Badegäste im Wollmantel; beide Abbildungen um 1880.*

manen Satze aus, dass Jedermann in einer Anstalt sich wohl fühlen und Unterhaltung finden müsse, und ist der Ansicht, dass in dieser Beziehung der bescheidene Land- und Bürgersmann wesentlich benachtheiligt sei, wenn die Kurgesellschaft durch verschiedenen Tisch getrennt werde.

Unziemliches unmöglich: Das prüde Bad
Noch immer aber machen technische und organisatorische Zwänge an manchen Orten das Gemeinschaftsbassin unentbehrlich. Ein heikles Thema in einer Periode, die allem Körperlichen so abhold ist, daß sie die Frauenwelt in kiloschwere Stoffe und panzerartige Korsetts drängt, während der durch die Dampfkolben und -röhren des Maschinenzeitalters inspirierte Zylinder samt knielangem Gehrock den Herren der Schöpfung das Aussehen von Bestattungsunternehmern verleihen. In Leuk, wo unter hohen Firsten mehrere teichartige Bassins die Kurgäste vereinen, wahrt man um 1860 die Gebote der Schicklichkeit mit knöchellangen schwarzbraunen Wollmänteln, die man – wohlverstanden! – auch im Wasser trägt. Bei den Damen ergänzt ein hoher Kragen die Ausrüstung. Zudem ist es Sitte, nach dem Ablegen eines zusätzlichen Bademantels «in geduckter Stellung» in die Fluten zu eilen. Badearzt Meyer-Ahrens versichert denn auch den zaghaften Gemütern unter seiner Leserschaft: *Etwas Unziemliches kann in einem solchen Bade, wo möglicher Weise bis an die 40 Personen vereinigt sein können, und das beständig dem Publikum offensteht, so dass sich immer Besuchende oder Bedienende auf den die Bassins umgebenden Galerien befinden, unmöglich begegnen; dazu kommt die lange wollene Kleidung von dunkelbrauner Farbe..., die geduckte Stellung, in der die Badenden ins Bassin treten und hier ihren Platz wechseln. So werden sich denn leicht auch die Delikatesten mit dieser Sitte versöhnen können, und in der That zieht auch der weitaus grösste*

*Kurkomitee, Ärztekollegium und Häuser
«I^{sten}» Ranges sorgen für Respektabilität:
Baden-Werbung der 1880er Jahre.*

Oben: *Für Nachschub von «Kuristen» sorgte die 1847 eröffnete Spanisch-Brötlibahn;* links: *«Renommirte» Hotelküchen warteten mit reichhaltigen Menüs auf.*

Theil der Kurgäste diese gemeinschaftlichen Bäder den Separatbädern vor.

Molke und Kaltwasser: Spezialangebote
Wir erinnern uns an die rührende Morgenszene auf Rigi-Scheidegg, wo den Badegästen neben dem Quellwasser auch ein Milchtrunk gereicht wurde, direkt aus den Eutern geduldiger Kühe und Ziegen, die man um sechs Uhr früh in den Hof der Trinkhallen trieb. Nach den Segnungen der Mineralquelle entdeckt die Medizin in der ersten Hälfte des 19. Jahrhunderts auch die Wohltaten der Klima- und Diätkuren; aus vielen Mineralbädern werden kombinierte Kuranstalten, in denen die einst ungeheuer populären Molkenkuren angeboten werden. Der Molken, eine Flüssigkeit, die aus der geronnenen Milch abläuft und als Nebenprodukt der Käseherstellung bis anhin unbeachtet geblieben ist, soll nun ein ganzes Spektrum therapeutischer Wirkungen erzielen. Mit Molkenkuren kämpft man gegen Verdauungs- und Magenkrankheiten an, man schreibt sie bei Milz- und Leberschäden vor und erhofft Linderung selbst bei Bluthusten und offener Tuberkulose.

Anämie, Herzkrankheiten und Magengeschwüre ging man aber auch mit einer ausgedehnten Milchkur an. Hier lieferten die meist in ländlicher Idylle gelegenen Kuranstalten direkt ab Produzent. Der «Kurist» – dies eine gleichzeitig mit dem Wort «Tourist» entstandene Neubildung – führt sich zum Frühstück drei bis vier Tassen gekochte Milch zu Gemüte, zusammen mit Weißbrot oder Zwieback, wiederholt dieses Prozedere noch drei- oder viermal und sucht so auf eine Tagesmenge von 20 Tassen zu kommen.

Halfen weder Milch noch Molken, so wandte man sich den Früchten des Feldes zu. Erdbeerkuren, wie sie zur Gründerzeit etwa in Churwalden oder Interlaken angeboten wurden, halfen angeblich gegen Gallen- und Nierensteine sowie Verdauungsbeschwerden. Ähnlich wie bei den Traubenkuren, die um die gleiche Zeit aufkamen, setzte man aufs Prinzip «Je mehr, desto besser». Schafften die Erdbeer-Kuristen pro Tag ein Drei-Kilo-Körbchen, so waren bei den Traubenkuren, die im Waadtland und in der Bündner Herrschaft angeboten wurden, Tagesrationen von 5–6 Kilogramm keine Seltenheit. Der Patient mußte bloß darauf achten, daß er *selbstverständlich die Schaalen auszuspeien hat, denn sie machen bei 6 Pfund Trauben beinahe 1 Pfund aus und würden sehr üble Erscheinungen hervorrufen.*

Dem heilungsbewußten Kurgast dieser Zeit liefen ehrfurchtsvolle Schauder über den Rücken, wenn ihm der Hotelarzt die Referenz aller Referenzen, die zahlgewordene *raison d'être* seines Etablissements unter die Nase hielt: die chemische Analyse «seines» Quellwassers. Für das wissenschafts- und fortschrittsgläubige Publikum des viktorianischen Zeitalters versprach allein schon die ellenlange Liste der im Wasser enthaltenen organischen und anorganischen Stoffe Heilung. Dazu operierte die Werbung mit farbig-abenteuerlichen Abkürzungen, die jedes noch so harmlose Quellwasser in einen Born geheimnisvoller Wirkungskräfte verwandelten. Da gab es salinisch-muriatische Schwefelquellen mit Schwefelkalium, Gipsthermen und Stahlsäuerlinge. Dem arsen- und eisenhaltigen Natronsäuerling stand die erdige Stahlquelle gegenüber; phosphorsaure Kalkwasser konkurrierten mit bittersalzhaltigen unterschwefligen Kalkwassern. Die Medizin wartete mit ausführlichen Tabellen auf, die Wirkungsweise und wechselnden Gehalt der Wasser zu den verschiedenen Jahreszeiten mit klimatischen Besonderheiten konfrontierten; wenig definierte Begriffe wie Reiz- oder Schonklima fanden ihren Eingang in hochtrabende Broschüren so gut wie hyperbolische Beschreibungen der landschaftlichen Reize.

Kein Wunder, daß sich um diese Zeit eine neue Therapie durchsetzte, die auf die wenig durchsichtige Chemie von Ursache und Wirkung beim mineralischen Wasser verzichtete und mit gutem altem Brunnenwasser hantierte: die Wasserheilkunde. In Schwung gebracht wurde sie um 1840 durch den schlesischen Landarzt Vinzenz Priessnitz, der in seinem heimischen Gräfenberg ein wahres Kaltwasser-Shangri-La errichtete, seine Patienten während Stunden mit eiskalten Wannenbädern quälte und sie hinterher nackt im Schnee Holz hacken ließ. Dergleichen hatten die Vorläufer der Hydrotherapie, die Mitglieder der schlesischen Ärztefamilie Hahn, freilich nicht propagiert. Ihre Kaltwassertherapie war vor allem auf die Behandlung von Nerven- und akuten Infektionskrankheiten ausgerichtet und zeitigte beachtliche Erfolge.

Die mit Tauch- und Duschbädern, Wickeln und Duschen operierende Wasserheilkunde führte in der Schweiz der Zürcher Arzt A. Brunner als einer der ersten ein. In seiner berühmt gewordenen Wasserheilanstalt Albisbrunn ging man zwar nicht so weit wie der größenwahnsinnige Priessnitz, der allein mit Wasser heilen wollte und auf alle anderen Medikamente verzichtete. Brunner verwendete Wasser von verschiedenen Wärmegraden sowie Luft-, Licht- und Dampfbäder, wobei man unter den zwei ersten ganz einfach einen Aufenthalt an der frischen Luft mit möglichst leichter Bekleidung verstand.

Was für Wunderdinge man sich von einem halbstündigen Fußbad mit kaltem Wasser, von einem Brustwickel mit lauem Wasser oder der Abreibung von Stirnen und Schläfen mit einem feuchten Lappen (all dies genuine Wasserheil-Therapien) versprach, wird dem heutigen Leser freilich ebensowenig klar wie die hohe Besucherfrequenz der einschlägigen Institutionen. Ein Blick auf das Angebot der «Kaltwasserheilanstalt Buchenthal» im Toggenburg gibt freilich einige Hinweise. Die Küche servierte hier Diätkost mit Beto-

Die große Welt hält Einzug ins Bergdorf: Kasino (oben) *und Speisesaal* (rechts) *in Bad Ragaz, 1880.*

nung auf Früchten und Gemüsen; den Wannen- und Duschbädern schloß sich eine rudimentäre Bewegungstherapie mit Wellenbädern und Spaziergängen an: Heileffekte kamen hier wohl als Folge von Diät- und Klimawechsel zustande, während die vermehrte Bewegung und die Wasserkur zur Verbesserung der Zirkulation beitrugen.

Der Kaltwasser-Boom vermag indes die letzte große Epoche der Heilbäder nicht zu gefährden. In der Periode wirtschaftlichen und technischen Aufschwungs zwischen 1870 und dem Beginn des Ersten Weltkriegs entwickelt sich der Tourismus zur eigentlichen Massenindustrie; die großen Bäderhotels sehen in ihren Kasinos und Kursälen eine internationale Klientele, die Luxus und Wohlleben in die rauhen Bergtäler bringt – einen Hauch von Sünde gar. Mit Staunen und Empörung nahm die Umwelt zur Kenntnis, daß man im Kurbad von Saxon (VS) «Hazard» spielte. *Roulette mit einem Zero – geringster Einsatz Fr. 1.* – inserierte 1867 die Direktion: Die große Welt hatte Einzug gehalten.

Bibliographie

Fritz Albrecht: Rechtsgeschichte der Bäder zu Baden im Aargau. Diss. Bern 1915.

Bad Pfäfers und Bad Ragaz 1868–1968. Jubiläumsschrift St. Gallen 1968.

Bäderbuch der Schweiz; hg. Schweizerische Verkehrszentrale. Zürich 1976.

Erhard Branger: Eine Badeordnung von Pfäfers aus dem Jahre 1603. Schweiz. Archiv für Volkskunde 9, 1905.

Renward Cysat: Collectanea chronica und denkwürdige Sachen...; hg. Josef Schmid. Quellen und Forschungen zur Kulturgeschichte von Luzern und der Innerschweiz. Bd. 4, I und II, Luzern 1969; Bd. 4, III, Luzern 1972.

Johannes Dryander: Artznei Spiegel. Frankfurt 1547.

Hans Folz: Das Bad in Öbern Swaben (1480) (=Fricker, Anthologie).

Bartholomäus Fricker: Anthologia ex thermis Badensibus. Eine Blumenlese aus den Aufzeichnungen alter Schriftsteller über die Bäder zu Baden. Aarau 1883.

Conrad Gessner: De Thermis Helveticis (1560) (=Fricker, Anthologie).

Jakob Graviseth: Heutelia. o.O. 1658.

Hyppolit Guarinonius: Die Grewel der Verwüstung menschlichen Geschlechts. Ingolstadt 1610.

Albert Hauser: Vom Essen und Trinken im alten Zürich. Zurich 1973.

Felix Hemmerli: Tractatus de balneis naturalibus. Ms Zürcher Zentralbibliothek.

David Hess: Die Badenfahrt. Zürich 1818 (Neuauflage Baden 1969).

E. Hoffmann-Krayer: Ein Badenschenkgedicht aus der Wende des 15. Jahrhunderts. Schweiz. Archiv für Volkskunde 14, 1910.

Salomon Hottinger: Thermae Argovia-Badenses. Baden 1702.

Johann Jakob Huggelius: Von heilsamen Bädern des Teutschen Landes. Basel (?) 1559.

J. A. Kaiser: Die Heilquelle zu Pfäfers und Hof Ragaz. St. Gallen 1859.

Johann Kolweck: Tractat von dess überauss heilsamen... Pfeffersbad... wunderthätiger Natur. Dillingen 1631.

Hans Ulrich Krafft: Reisen und Gefangenschaft (1573) (=Fricker, Anthologie).

Philibert Leucippaeus: Von natur... der warmen und wilden Bäder. o.O. 1598.

Theodor von Liebenau: Das Gasthof- und Wirtshauswesen in der Schweiz. Zürich 1891.

Adrian Lüthy: Die Mineralbäder des Kantons Bern. Diss. Bern 1957.

Josua Maler: Selbstbiographie. Zürcher Taschenbuch 1885/86.

Alfred Martin: Deutsches Badewesen in vergangenen Tagen. Jena 1906.

ders.: Aus dem Leben der Bader im 16. Jahrhundert. Deutsche Medizinische Wochenschrift 27, 1907.

Johann Mechinger: Ain nützlichs büchlin von dem Wildpad... Tübingen 1513.

Conrad Meyer-Ahrens: Die Heilquellen und Kurorte der Schweiz. Zürich 1867 (2. Auflage).

Michel de Montaigne: Journal du voyage en Italie, par la Suisse et par l'Allemagne en 1580–1581. (=Fricker, Anthologie).

Sebastian Münster: Kosmographie. Basel 1619 (2. Aufl.).

Ulrich Münzel: Die Thermen von Baden. Diss. Zürich 1947.

Otto Neeracher: Bader und Badewesen in der Stadt Basel und die von Baslern besuchten Badeorte. Diss. Basel 1933.

Neujahrsgeschenk von der neuerrichteten Gesellschaft zum Schwarzen Garten. Zürich 1808–1830.

G. Nussberger: Heilquellen und Bäder im Kanton Graubünden. Chur 1914.

Heinrich Pantaleon: Warhafftige und fleissige Beschreibung der uralten statt und Graveschaft Baden. Basel 1578.

Th. Paracelsus: Vonn dem Bad Pfeffers. o.O. 1535.

ders.: Von den natürlichen Bädern. Sämtliche Werke I; hg. Karl Sudhoff, München/Berlin 1930.

Laurentius Phries: Tractat der Wildbeder natur. Straßburg 1519.

ders.: Eygenschafft und würckung der wunderbaren Natur aller Wildbeder. Straßburg 1538.

Georg Pictorius: Baderbüchlin. Mülhausen 1560.

Felix Platter: Tagebuch; hg. Valentin Lötscher. Basler Chroniken 10, 1976.

Thomas Platter: Lebensbeschreibung; hg. A. Hartmann, Basel 1944.

Poggio Bracciolini: Die Berichte über Baden und St. Gallen; hg. Wilhelm Öchsli. Quellenbuch zur Schweizergeschichte, Zürich 1893.

Irmgard Probst: Die Balneologie des 16. Jahrhunderts im Spiegel der deutschen Badeschriften. Münster 1971.

Lukas Rem: Tagebuch 1494–1541; hg. Greiff, Augsburg 1861.

Walter Ryff: Newe heilsame und nutzliche Baden fart. Würzburg 1549.

ders.: Eygenschafft des Bads zu Obern Baden (1544) (=Fricker, Anthologia).

Johann Jakob Scheuchzer: Hydrographia Helvetica. Zürich 1717.

ders.: Vernunftmäßige Untersuchung des Bads zu Baden. Zürich 1732.

F. Schubiger: Geschichte der Heilbäder im Kanton Solothurn. Jahrbuch für solothurnische Geschichte 6, 1933.
Josias Simler: Die Alpen; hg. Alfred Stern, München 1931.
Johann Stumpf: Gemeyner loblicher Eydgnoschaft ... Chronik. Zürich 1548.
Supplication der Frauen an die VIII eidgenössischen Stände zu Gunsten Alex. Sytzens, Arztes zu Baden (1516). (=Fricker, Anthologie).
Alexander Sytz: Oberbaden im Ergöw. o.O. 1576 (2. Aufl.).
Leonhard Thurneisser: Zehen Bücher von kalten/ warmen/minerischen und Mettalischen Wassern. Frankfurt 1572.
Hans von Waldheim: Reisebuch (1474). (=Fricker, Anthologie).
Leo Zehnder: Volkskundliches in der älteren schweizerischen Chronistik. Schriften der schweizerischen Gesellschaft für Volkskunde. Bd. 60, Basel 1976.
Peter Ziegler: Zürcher Sittenmandate. Zürich 1978.

Über den Autor

Wiederbelebung von Langvergessenem, von lange nicht mehr Gehörtem auch: Hier wirkt Hans Peter Treichler (38) auf ganz verschiedenen Ebenen. Als Radio-Moderator berichtet er in Kolumnen wie «Kalenderblatt» oder «Ortschronik» über historisch Interessantes, als Volkssänger bringt er die Lieder der Reisläufer und Vaganten zu Gehör, als TV-Moderator wie als Journalist sucht er nach neuen Formen für Altüberliefertes. Der vielseitige Zürcher, der über den Minnesänger Oswald von Wolkenstein dissertierte, lange bevor dessen Lieder wieder in Mode kamen, hat sich auch als Hörspielautor einen Namen gemacht. Gegenwärtig arbeitet er an einer klingenden Monographie über den schwedischen Rokoko-Troubadour Carl Michael Bellman.